आओ अपनायें मॉडर्न जीवन शैली

✔ जीवन अस्तित्व से अधिक कर्म है। उन्नति, प्रगति, परिवर्तन आदि इसी जीवन की परिपूर्णता के अंग हैं।

—जैनेन्द्र कुमार

✔ जीवन को नियम के अधीन कर देना आलस्य पर विजय पाना है। जीवन को नियम के अधीन कर देना, प्रमाद को सदा के लिए विदा कर देना है।

—अखण्डानन्द

आत्म-विकास की अन्य श्रेष्ठ पुस्तकें

- जीवन में सफल होने के उपाय
- सफल वक्ता एवं वाक्-प्रवीण कैसे बनें
- निराशा छोड़ो सुख से जिओ
- खुशहाल जीवन जीने के व्यावहारिक उपाय
- आओ अपनायें मॉडर्न जीवन शैली
- मन की उलझनें कैसे सुलझाएं
- भय मुक्त कैसे हों
- व्यवहार कुशलता
- साहस और आत्मविश्वास
- अपना व्यक्तित्व प्रभावशाली कैसे बनाएं

आओ अपनायें

मॉडर्न जीवन शैली

Art of Living a Meaningful Life

रोमी सूद 'उपमाश्री'

वी एण्ड एस पब्लिशर्स

प्रकाशक

वी एण्ड एस पब्लिशर्स

F-2/16, अंसारी रोड, दरियागंज, नयी दिल्ली-110002

☎ 23240026, 23240027 • फैक्स: 011-23240028

E-mail: info@vspublishers.com • *Website:* www.vspublishers.com

शाखाः हैदराबाद

5-1-707/1, ब्रिज भवन (सेन्ट्रल बैंक ऑफ इण्डिया लेन के पास)

बैंक स्ट्रीट, कोटी, हैदराबाद-500 095

☎ 040-24737290

E-mail: vspublishershyd@gmail.com

शाखा : मुम्बई

☎ 022-23510736

E-mail: vspublishersmum@gmail.com

फ़ॉलो करें:   

हमारी सभी पुस्तकें **www.vspublishers.com** पर उपलब्ध हैं

ISBN 978-93-814487-8-6

संस्करणः 2015

मुद्रकः परम ऑफसेटर्स, ओखला, नई दिल्ली-110020

स्वकथन

अपनी पिछली तीन पुस्तकों के माध्यम से आपसे जो संवाद का दौर चला है, उसी को आगे बढ़ाते हुए वर्तमान समाज में आधुनिक बन कर जीने की कला की चर्चा इस चौथी कड़ी में करने का प्रयास कर रही हूं। मेरे विचार से युवा वर्ग का आधुनिकता की ओर दौड़ना वर्तमान समय की जरूरत बन गई है। जो व्यक्ति आधुनिकता की इस दौड़ में पिछड़ जाएगा, वह समाज में अपना विशेष स्थान नहीं बना सकेगा। इसलिए नए जमाने के साथ 'मॉडर्न' जीवन शैली अपना कर ही सफलता हासिल की जा सकती है, लेकिन ज़रूरत है सावधानी के साथ संभल कर चलने की, वरना आज की चकाचौंध भरी, तेज़ रफ़्तार, उपभोक्तावादी संस्कृति का माया-जाल किनारे पर भी डुबो सकता है, तब किसी को भी बीच मझदार में जाने की ज़रूरत ही नहीं होगी।

समाज में एक ऐसा वर्ग भी है, जो 'ओल्ड इज गोल्ड' का नारा लगाते हुए पुरांने जीवन-मूल्यों को खोना नहीं चाहता। इस वर्ग को भी हम पूरी तरह गलत नहीं ठहरा सकते, लेकिन यह भी सत्य है कि सभी 'ओल्ड' विचार आधुनिक युग में 'गोल्ड' साबित नहीं हो सकते। हां, इस 'ओल्ड' को पूरी तरह नज़रअंदाज न कर पॉलिश करके 'गोल्ड' की तरह चमकाया जरूर जा सकता है।

इस पुस्तक को अधिक व्यावहारिक तथा प्रायोगिक बनाने के लिए अध्यायों के अंत में अभ्यास दिए गए हैं, जिनमें कोई-न-कोई प्रण, प्रतिज्ञा या निश्चय करना होगा, तभी आपका पढ़ना और अमल करना सार्थक हो सकता है।

मैं इस पुस्तक के माध्यम से आपसे वार्ता करना चाहती हूं क्योंकि आपके भीतर वास्तव में आधुनिक बनने की इच्छा है और जोश भी। बस, इसके साथ होश भी कायम रहे, इसलिए आपसे संवाद स्थापित करने की आवश्यकता अनुभव करती हूं। मैं कोई उपदेशिका नहीं हूं और न ही मेरा उद्देश्य आपको गलत साबित करके स्वयं को आपकी दृष्टि में ऊंचा सिद्ध करना है। मैं स्वयं को आपकी सहयात्री समझते हुए मात्र आपसे विचार-विनिमय करने को उद्यत हूं और मैं आपको पूरा अधिकार देती हूं कि मेरी जो बात आपको अनुचित लगे, आप बेझिझक मुझसे कह सकते हैं।

523, सेक्टर-7 बी, फरीदाबाद-121006 **–रोमी 'उपमाश्री'**

इसी प्रकाशन संस्थान से प्रकाशित
यह चतुर्थ पुष्प समर्पित है,
उन पाठकों को,
जो अपनी मूल संस्कृति को न छोड़ते हुए
आधुनिक समाज के साथ
कदम-से-कदम मिला कर चलने की
इच्छा रखते हैं।

अंदर के पृष्ठों में

सबसे पहले स्वयं को जांचें

सही मायने में तो 'बेहतर जीवन' जीने के तौर-तरीकों को ही आधुनिक जीवन शैली कहा जाएगा। इसके नकारात्मक पक्ष की चकाचौंध की तरफ दौड़ते हुए लोगों को केवल मृग-मरीचिका ही मिलती है और भटकाव के अतिरिक्त कुछ हाथ नहीं लगता। पश्चिमी ढंग का 'मुक्त जीवन' भारतीय परिवेश में कभी भी उपयोगी नहीं हो सकता। अपनी सांस्कृतिक पहचान को बनाए रखना अवश्यंभावी है। गर्व करने के लिए हमें अपनी सभ्यता चाहिए। पश्चिम से आयात की हुई सभ्यता ओढ़ेंगे, तो केवल शर्मिंदगी ही आपके हाथ लगेगी।

आप सचमुच आधुनिक बनना चाहते हैं, तो आइए, एक बार इस पुस्तक को पढ़ने से पहले जांच टेस्ट से अपने को परखें, खुद अपनी जांच करें कि 'सच्ची एवं सार्थक आधुनिकता' का कितने प्रतिशत अंश आप में है। उसमें जितनी भी कमियां, कमजोरियां हों, उन्हें आप पुस्तक में बताए गए व्यावहारिक उपायों द्वारा सुधारें।

अंत में पुस्तक को पढ़कर और इसमें बताए तरीकों पर अमल करके आपने अपने को कितना सुधार लिया है, एक बार फिर प्रारंभ में दिए गए जांच टेस्ट से गुज़र जाएं। आपको इससे पता चल जाएगा कि आप कितने बदल गए हैं।

आगे 5 वर्गों के लिए विभिन्न प्रश्नोत्तरियां तैयार की गई हैं। आप जिस वर्ग से संबंधित हैं, उसी के प्रश्नों का उत्तर देकर अपनी जांच स्वयं करें। ये वर्ग हैं– 1. पुरुष, 2. महिलाएं, 3. युवक एवं युवतियां, 4. प्रौढ़ एवं वृद्ध, 5. अभिभावक।

तो आइए, अपने आपको परखते हैं, आगे दी गई कसौटियों पर–

पुरुष

हम जिस समाज में रहते हैं, वह पुरुष प्रधान है, लेकिन जैसे-जैसे जीवन शैली में बदलाव आ रहा है, व्यक्ति की सोच में भी परिवर्तन आने लगा है, जोकि स्वाभाविक और जरूरी भी है। ऐसे में आप आधुनिक जीवन शैली के अनुसार स्वयं को कहां तक बदल पाए हैं, आइए, जानें इस प्रश्नोत्तरी के माध्यम से।

मूल्यांकन विधिः *यहां कुल 10 प्रश्न पूछे गए हैं। प्रत्येक उत्तर में तीन विकल्प हैं– क, ख और ग। आपको तीनों में से एक का चुनाव करना है। उत्तर 'क' का चुनाव करने पर स्वयं को 3 अंक दें। उत्तर 'ख' के लिए 2 और 'ग' के लिए 1 अंक निर्धारित किए गए हैं। सभी प्रश्नों में प्राप्तांकों को दिए हुए कोष्ठकों में पेंसिल से लिखते जाएं और अंत में जोड़ लें।*

यदि कुल प्राप्त अंक 12 से अधिक हैं, तो आप आधुनिकता की परिभाषा पर पूर्णतः खरे उतरते हैं। आपका पारिवारिक और सामाजिक जीवन दूसरों के लिए आदर्श बन सकता है। यदि प्राप्तांक 7 और 12 के बीच हैं, तो आप कभी-कभी दूसरों के पीछे लगकर दिखावा करने लगते हैं। आपको स्वयं में सुधार लाना है, लेकिन यदि आपने इस प्रश्नोत्तरी में 7 से कम अंक प्राप्त किए हैं, तो मान लें कि आप दिग्भ्रमित हैं। सही मार्ग के चुनाव के लिए आपको मार्गदर्शन की आवश्यकता है। संभव हो, तो पूरी पुस्तक दोबारा पढ़ें।

प्रश्नोत्तरी

प्र. 1. आपकी पत्नी और आप दोनों नौकरी करते हैं। क्या आप घरेलू कार्यों में पत्नी की मदद करते हैं?

क. हमेशा करता हूं। ☐

ख. कभी-कभी। ☐

ग. कभी नहीं। ☐

प्र. 2. क्या आप अपनी पत्नी के पुरुष मित्रों से मिलते हैं?

क. खुशी से। ☐

ख. मन में ईर्ष्या रहती है, परंतु प्रत्यक्ष रूप में मुस्कराते हुए। ☐

ग. मित्रों को देखते ही क्रोध आ जाता है। ☐

प्र. 3. यदि आप पति-पत्नी की पहले तलाक के बाद दूसरी शादी है, तो आप–

क. अतीत को कभी याद नहीं करते। ☐

ख. अकसर पहली पत्नी से वर्तमान पत्नी की तुलना करने लगते हैं। ☐

ग. पत्नी की ग़लती पर पहली शादी की असफलता की चर्चा करते हैं। ☐

प्र. 4. आपकी पत्नी संतान को जन्म देने में असमर्थ है, इसलिए आप–

क. किसी अनाथ बच्चे को गोद ले लेंगे। ☐

ख. दूसरी शादी के समर्थक नहीं हैं, किंतु इसके लिए पत्नी पर अकसर तानाकशी करते हैं। ☐

ग. दूसरी शादी कर लेंगे। ☐

प्र. 5. पत्नी की नौकरी में तरक्की होने पर–

क. हार्दिक प्रसन्नता होगी। ☐

ख. ईर्ष्या-भाव जागेगा। ☐

ग. पत्नी के चरित्र पर शक होगा। ☐

प्र. 6. आपकी महिला सहकर्मी पुरुष सहकर्मियों से खुलकर हंसती-बोलती है, तो आपकी प्रतिक्रिया–

क. सीमा में रहकर हंसना बोलना ग़लत नहीं, इसलिए आप भी हंसी-मजाक का वातावरण बनाने का ही प्रयास करेंगे। ☐

ख. आपको स्त्रियों का पुरुषों से हंसना-बोलना पसंद नहीं, इसलिए आप प्रत्यक्ष रूप में उस महिला को अपने विचारों से अवगत करवाते हुए ऐसा व्यवहार न करने की सलाह देंगे। ☐

ग. प्रत्यक्ष रूप में उस महिला के हंसी-मजाक में साथ देंगे, लेकिन बाद में उसकी आलोचना करेंगे। ☐

प्र. 7. आप अपनी पत्नी के साथ घरेलू कार्यों में सहयोग देकर–

क. मानते हैं कि सहयोग करना आपका कर्तव्य है। ☐

ख. स्वयं को बहुत बड़ा मानने लगते हैं। ☐

ग. उस पर अकसर एहसान जताते हैं। ☐

प्र. 8. आपके मित्र आपके घर आते हैं, तो–

क. पत्नी से उनका परिचय करवाते हैं। ☐

ख. पत्नी को उनके सामने नहीं आने देते। ☐

ग. पत्नी बात करे, तो शंका करते हैं। ☐

प्र. 9. आपकी पत्नी घरेलू है, लेकिन पढ़ने की शौकीन है, तो–

क. उसे नजदीकी पुस्तकालय की सदस्या बनवा दिया है। ☐

ख. आप स्वयं उसके लिए कभी-कभी पुस्तकें खरीद कर लाते हैं। ☐

ग. आप चाहते हैं कि पत्नी सारा समय घर और बच्चों को दे। किताबों में समय बर्बाद न करे। ☐

प्र. 10. आपकी पढ़ी-लिखी पत्नी घर के कामों में अनाड़ी है, आपका मानना है–

क. कोई बात नहीं, आजकल पढ़ाई-लिखाई में लड़कियों को इतना समय देना पड़ता है कि घरेलू कार्य सीखने का समय ही नहीं मिलता। धीरे-धीरे सब सीख जाएगी। ☐

ख. दोष पत्नी की मां का है, जिसने उसे घरेलू कार्य नहीं सिखाए। ☐

ग. हमेशा अपनी किस्मत को कोसते रहते हैं कि ऐसी पत्नी मिली। ☐

महिलाएं

आधुनिक युग में महिलाओं को दो श्रेणियों में रख सकते हैं : घरेलू महिलाएं और कामकाजी महिलाएं। अकसर लोग कामकाजी महिलाओं को आधुनिक मान लेते हैं, जबकि सच्चाई यह है कि कई महिलाएं कामकाजी होकर भी आधुनिक नहीं होतीं और कई घरेलू महिलाओं के व्यवहार में भी आधुनिकता झलकती है। इसलिए हमने यहां घरेलू और कामकाजी दोनों वर्गों की महिलाओं के लिए प्रश्नोत्तरी तैयार की है। जांचिए कि आप कितनी आधुनिक हैं!

मूल्यांकन विधिः *दोनों तरह की प्रश्नोत्तरियों में प्रत्येक प्रश्न के दो विकल्प 'क' और 'ख' दिए गए हैं। उत्तर 'क' के लिए 0 अंक और उत्तर 'ख' के लिए 1 अंक निर्धारित है। यदि आप 10 अंकों में से 7 से अधिक अंक प्राप्त करती हैं, तो आप अपनी गिनती आधुनिक महिलाओं में कर सकती हैं। यदि आप 5 से 7 अंक प्राप्त करती हैं, तो थोड़े प्रयास और करने पर आधुनिक महिलाओं की श्रेणी में स्थान प्राप्त कर सकती हैं। यदि आप 5 से कम अंक प्राप्त करें, तो आधुनिकता की दौड़ में काफी पिछड़ी हुई हैं। अतः आपको आधुनिक बनने के लिए काफी मेहनत की जरूरत है।*

घरेलू महिलाएं

प्रश्नोत्तरी

प्र. 1. आप खाना बनाती हैं–

क. स्वादिष्ट भोजन बनाना आपका शौक है। ☐

ख. भोजन की न्यूट्रीशियन वैल्यू ध्यान में रखकर स्वादिष्ट भोजन बनाती हैं। ☐

प्र. 2. देश की राजनीति के विषय में आपका कोई विचार है–

क. क्या लेना है राजनीति से, घर के कामों से ही फुर्सत नहीं मिलती। ☐

ख. राजनीति के प्रति आप पूर्ण सजग हैं। ☐

प्र. 3. आधुनिक फैशन के विषय में आपके विचार–

क. भड़कीली पोशाकें और तेज़ मेकअप पसंद है। ☐

ख. वातावरण के अनुसार पहनावे व मेकअप में विश्वास रखती हैं। ☐

प्र. 4. आप भाग लेती हैं–

क. केवल अपने घर से संबंधित कार्यों में। ☐

ख. सामाजिक कार्यों में भी। ☐

प्र. 5. आप अपने बच्चों की पढ़ाई पर ध्यान देती हैं–

क. मात्र ट्यूशन के लिए भेजने से मतलब रखती हैं। ☐

ख. बच्चों की पढ़ाई में व्यक्तिगत रुचि रखते हुए स्वयं ध्यान देती हैं। ☐

प्र. 6. आपके बिजली, पानी, टेलीफोन आदि के बिल जमा करवाते हैं–

क. आपके पति या बच्चे। ☐

ख. आप स्वयं। ☐

प्र. 7. सब्जी वाला आपको कम सब्जी तोल कर देता है, तो–

क. आप चुप्पी साधे रखती हैं। ☐

ख. आप इसका विरोध करती हैं और मोहल्ले की अन्य महिलाओं को एकत्रित करने का साहस रखती हैं। ☐

प्र. 8. आपकी पड़ोसन का पति दहेज के लिए उसे तंग करता है, आपकी प्रतिक्रिया–

क. मैं कुछ नहीं कर सकती, मेरे पति के पास भी समय नहीं कि उसकी सहायता कर सकें। ☐

ख. मैं ऐसी संस्थाओं से अपनी पड़ोसन का संपर्क करवाऊंगी, जो ऐसे मामलों में महिलाओं की सहायता करती हैं। ☐

प्र. 9. आप हाल ही में मां बनने वाली हैं, इसलिए आप–

क. अभी से शिशु पालन संबंधी पुस्तकें पढ़ना प्रारंभ कर देंगी। ☐

ख. कुछ विशेष नहीं करेंगी। ☐

प्र. 10. आप आधुनिक घरेलू उपकरणों की जानकारी रखती हैं–

क. आधुनिक उपकरण खरीदने की हमारी हैसियत नहीं, इसलिए जानकारी रखने में कोई फायदा नहीं। ☐

ख. आधुनिक घरेलू उपकरणों के विषय में जानकारी रखना अच्छा लगता है। ☐

कामकाजी महिलाएं

प्रश्नोत्तरी

प्र. 1. आप अपने पति की महिला सहकर्मियों को देखती हैं–

क. शंकालु दृष्टि से। ☐

ख. सहज भाव से। ☐

प्र. 2. बस में सफर करते हुए यदि आपसे कोई छेड़छाड़ करे, तो–

क. चुप्पी साधे रखती हैं। ☐

ख. तत्काल विरोध करती हैं। ☐

प्र. 3. यदि कार्यालय में आपका बॉस आपसे अनुचित व्यवहार करता है, तो–

क. बॉस का विरोध करने का अर्थ है नौकरी खोना, इसलिए जब तक हो सके झेलती रहेंगी। ☐

ख. कोई समझौता नहीं करेंगी, विरोध करने से नहीं चूकेंगी। ☐

प्र. 4. अपने स्वास्थ्य के लिए समय देने के संबंध में आपका विचार है–

क. कामकाजी हैं, समय नहीं मिल सकता। ☐

ख. समय मिलता नहीं, निकालना पड़ता है। ☐

प्र. 5. आप कामकाजी हैं, आप पर दोहरी जिम्मेदारी है, इसलिए आपकी सुबह शुरू होती है–

क. तनाव से। ☐

ख. हंसी से। ☐

प्र. 6. सुबह तैयार होने में भाग-दौड़ न हो, इसके लिए आप–

क. कुछ नहीं करतीं। ☐

ख. सुबह के कार्यों की रात में ही पूर्व तैयारी कर लेती हैं। ☐

प्र. 7. आप अपना अतिरिक्त कीमती समय देती हैं–

क. किटी पार्टी को। ☐

ख. सामाजिक गतिविधियों को। ☐

प्र. 8. आप अपनी महत्वाकांक्षाओं की पूर्ति के लिए–

क. अनुचित साधन अपनाने में नहीं झिझकतीं। ☐

ख. केवल परिश्रम पर विश्वास करती हैं। ☐

प्र. 9. आप कामकाजी हैं, इसलिए–

क. गृहकार्यों के प्रति उदासीन हैं। ☐

ख. जितना समय मिलता है, उतना कार्य रुचि से करती हैं। ☐

प्र. 10. कामकाजी होने के कारण आप अपने पड़ोसियों से–

क. बिल्कुल मेल-जोल नहीं रख पातीं। ☐

ख. महत्वपूर्ण अवसरों पर अवश्य शामिल होती हैं। ☐

युवक एवं युवतियां

युवावस्था में भटकाव की संभावना सर्वाधिक होती है। यह वह अवस्था है, जब व्यक्ति पर अपने दिवास्वप्नों को पूर्ण करने का जुनून होता है। इस जुनून में जोश अधिक और होश कम होता है। शीघ्रातिशीघ्र सब कुछ पा लेने की चाह कई बार भटकाव का कारण बन जाती है। चकाचौंध युक्त ग्लैमर भरा जीवन आकर्षित करता है और किशोरमन चमकने वाली वस्तु को हीरा समझकर उसके पीछे दौड़ना प्रारंभ कर देता है। वह दौड़ता है, अनथक दौड़ता है, इसकी परवाह किए बिना कि इस दौड़ का परिणाम क्या होगा। जब तक जोश होश में बदलता है, तब तक कई बार बहुत देर हो चुकी होती है। इस प्रश्नोत्तरी को हल करके जांच कीजिए कि आपकी यह दौड़ कितनी सार्थक है?

मूल्यांकन विधिः *यहां युवक-युवतियों के लिए अलग-अलग दो प्रश्नोत्तरियां तैयार की गई हैं। प्रत्येक प्रश्नोत्तरी में 10 प्रश्न हैं। प्रत्येक प्रश्न के उत्तर के अंक अंत में दिए गए हैं। यदि आप 25 से अधिक अंक प्राप्त करते हैं, तो आप ठीक दिशा में जा रहे हैं। 15 से 25 के मध्य अंक प्राप्त होने पर आप मान सकते हैं कि आपको थोड़े सुधार की आवश्यकता है, लेकिन यदि आप 15 से कम अंक प्राप्त करते हैं, तो निश्चित रूप से पाश्चात्य संस्कृति का अंधानुकरण कर रहे हैं। स्वयं को बदलिए, अन्यथा भटक जाएंगे।*

युवक

प्रश्नोत्तरी

प्र. 1. आपके जीवन का लक्ष्य क्या है?

क. अभी सोचा नहीं। ☐

ख. गाड़ी में सवार हैं, जहां स्टेशन आएगा, उतर जाएंगे। ☐

ग. इसका आपके पास स्पष्ट उत्तर है। ☐

प्र. 2. नाइट पार्टी के विषय में आपकी सोच–

क. जो नाइट पार्टी में जाते हैं, वे मॉड कहलाते हैं। ☐

ख. लड़के-लड़कियों का उन्मुक्त व्यवहार अच्छा लगता है, इसलिए आप भी जाना चाहते हैं। ☐

ग. उद्देश्यहीन नाइट पार्टी समय बर्बादी के अतिरिक्त कुछ नहीं। ☐

प्र. 3. आपके उच्चवर्गीय मित्र आपको बीयर पीने के लिए उकसाएं तो–

क. कभी नहीं लेंगे, क्योंकि वह मित्रता ही क्या, जो व्यसनों का शिकार बनाए। ☐

ख. मित्रता अगर गहरी है, तो कुछ भी कर सकते हैं। ☐

ग. सफल होना है, तो सोसाइटी की मांग को तो पूरा करना ही पड़ेगा। ☐

प्र. 4. आप अपने माता-पिता से जेब खर्च की मांग करते हैं–

क. जितनी आपकी आवश्यकता है। ☐

ख. जितना आपके मित्रों को मिलता है। ☐

ग. जरूरत से अधिक। ☐

प्र. 5. आप सिगरेट पीते हैं, क्योंकि–

क. यह आपकी ग़लत संगति की देन है। ☐

ख. आजकल सब पीते हैं। ☐

ग. सिगरेट पीना आधुनिकता की निशानी है। ☐

प्र. 6. आपकी कोई गर्लफ्रेंड नहीं, इसलिए–

क. आपके भीतर हीन भावना पैदा हो गई है। ☐

ख. आपके मित्र चिढ़ाते हैं, इसलिए आपको गुस्सा आता है। ☐

ग. इस संदर्भ में ज्यादा विचार नहीं करते। ☐

प्र. 7. वैलेंटाइन डे पर किसी लड़की ने आपको ग्रीटिंग दिया, आपकी प्रतिक्रिया–

क. स्वस्थ मित्रता में कोई एतराज नहीं। ☐

ख. आप मन-ही-मन स्वयं को बहुत उच्च समझने लगेंगे। ☐

ग. आप वह ग्रीटिंग अपनी मित्र-मंडली में दिखाएंगे। ☐

प्र. 8. आप अपने माता-पिता की किसी आज्ञा का उल्लंघन यह सोचकर करते हैं–

क. वे पुराने जमाने के हैं, उन्हें कुछ नहीं पता। ☐

ख. उनकी हर बात में रोक-टोक की आदत है। ☐

ग. आपको विश्वास है कि आप तर्कों द्वारा उन्हें अपने पक्ष में कर लेंगे। ☐

प्र. 9. आपने एक महंगा तकनीकी कोर्स ज्वाइन किया है, क्योंकि–

क. आपके सबसे निकट के मित्र ने भी वही कोर्स ज्वाइन किया है। ☐

ख. क्योंकि आजकल ज्यादातर पढ़े-लिखे और हाई-फाई लोग वह कोर्स कर रहे हैं। ☐

ग. क्योंकि आपकी उस कोर्स में ही रुचि है। ☐

प्र. 10. आप अपने पिता का अपने मित्रों से परिचय करवाने से झिझकते हैं, क्योंकि–

क. आपके मित्र ज्यादा अमीर हैं, आपको उन्हें अपने पिता से मिलवाने में हीनता का बोध होता है। ☐

ख. आपके पिता आपके मित्रों से आपके विषय में पूछ-ताछ करना प्रारंभ कर देते हैं। ☐

ग. आपके पिता आपके मित्रों को यथोचित सम्मान नहीं देते। ☐

उत्तरमाला : (1) क-2, ख-1, ग-3, (2) क-1, ख-2, ग-3, (3) क-3, ख-2, ग-1 (4) क-3, ख-2, ग-1 (5) क-3, ख-2, ग-1 (6) क-1, ख-2, ग-3 (7) क-3, ख-2, ग-1 (8) क-1, ख-2, ग-3 (9) क-2, ख-1, ग-3 (10) क-1, ख-2, ग-3।

युवतियां

प्रश्नोत्तरी

प्र. 1. आपने ब्वायफ्रेंड बनाया यह सोचकर–

क. आजकल ब्वायफ्रेंड बनाना आधुनिक फैशन है, जिसका ब्वायफ्रेंड नहीं, वह आउटडेटेड है। ☐

ख. उस युवक के विचार ही नहीं, बल्कि जीवन-लक्ष्य भी आप के लक्ष्य से मिलता है। आपको अपने जीवन के लक्ष्यों को पाने में एक-दूसरे से मदद मिलती है। ☐

ग. केवल विपरीत लिंगी आकर्षण के कारण। ☐

प्र. 2. यदि आपका ब्वायफ्रेंड आपको डेटिंग पर बुलाए–

क. ब्वायफ्रेंड का अर्थ है वह दोस्त, जो लड़का है। मैं डेटिंग पर विश्वास नहीं करती। ☐

ख. डेटिंग पर जाने से पूर्व निश्चित करूंगी कि कहीं डेटिंग के लिए पूर्णतः निर्जन स्थान तो नहीं चुना गया। ☐

ग. तुरंत तैयार हो जाऊंगी, क्योंकि मुझे उस पर पूरा भरोसा है। ☐

प्र. 3. क्या आप बीयर पीती हैं?

क. कभी अवसर नहीं मिला, अगर मिलेगा, तो जरूर चखूंगी ☐

ख. आधुनिकता का अर्थ पाश्चात्य अनुकरण नहीं। हमारी संस्कृति नशीले मादक पदार्थों के सेवन की इजाजत नहीं देती। ☐

ग. कोई भी आधुनिक लड़की बीयर से परहेज नहीं करती। ☐

प्र. 4. आप आधुनिकता के नाम पर कैसे वस्त्र पहनना पसंद करती हैं?

क. जैसा देश, वैसा भेष। ☐

ख. जिन्हें पहनने से अच्छे दिखें और समाज की आलोचना भी न सहनी पड़े। ☐

ग. फैशन के वस्त्र ही आधुनिक नारी की पहचान हैं। ☐

प्र. 5. आपको किसी युवक से प्रेम है, आप उससे विवाह करना चाहती हैं, लेकिन माता-पिता नहीं मान रहे, तब आप–

क. उस युवक के साथ घर से भागकर विवाह करेंगी। ☐

ख. आप कोर्ट मैरिज कर लेंगी। ☐

ग. आप विचार करेंगी कि आपके माता-पिता क्यों इस विवाह के विरोधी हैं। अगर उनका विरोध जायज नहीं है, तो उन्हें ठोस तर्कों से मनाने का हर संभव प्रयास करेंगी। ☐

प्र. 6. आधुनिक युग नारी स्वतंत्रता का है। आप इस स्वतंत्रता का लाभ उठाती हैं–

क. मनचाहा आचरण करके। ☐

ख. आधुनिक नारी स्वतंत्रता के लिए काम करने वाली संस्थाओं की सक्रिय सदस्या बनकर। ☐

ग. आधुनिक शिक्षा और आधुनिक तकनीकों का लाभ उठाकर। ☐

प्र. 7. क्या आपकी तकनीकी शिक्षा हासिल करने में रुचि है।

क. जी हां। ☐

ख. बिल्कुल नहीं। ☐

ग. थोड़ी-थोड़ी है। ☐

प्र. 8. क्या आप देश की राजनीति के विषय में रुचि रखती हैं–

क. जी हां। ☐

ख. नहीं। ☐

ग. समाचार सुन लेती हूं। ☐

प्र. 9. अगर आप किसी कार्य में असफल होती हैं, तो आप–

क. निराश होने लगती हैं। ☐

ख. आप आत्म-विकास संबंधी पुस्तकें पढ़ती हैं, इसलिए दुगुने उत्साह से कार्य करने लगती हैं। ☐

ग. रोने लगती हैं। ☐

प्र. 10. यदि आपको कोई मॉडल कहे, तो–

क. अति प्रसन्न हो जाती हैं। ☐

ख. कोई फर्क ही नहीं पड़ता। ☐

ग. अच्छा लगता है। ☐

उत्तरमाला : (1) क-1, ख-3, ग-2, (2) क-3, ख-2, ग-1 (3) क-2, ख-3, ग-1 (4) क-2, ख-3, ग-1 (5) क-1, ख-2, ग-3 (6) क-1, ख-2, ग-3 (7) क-3, ख-1, ग-2 (8) क-3, ख-1, ग-2 (9) क-1, ख-3, ग-2 (10) क-1, ख-3, ग-2।

प्रौढ़ एवं वृद्ध

प्रौढ़ावस्था या वृद्धावस्था वह अवस्था है, जब व्यक्ति शरीर से पुराना हो चुका होता है, लेकिन समाज के बदलते परिवेश और नयेपन के साथ उसे सामंजस्य स्थापित करना होता है। एक ओर जहां उसे अपने सांस्कृतिक मूल्यों और परिपक्व विचारों का वहन करना है, वहीं दूसरी ओर नई विचार-धारा और नई जीवन शैली के अनुसार भी स्वयं को ढालना होता है। आइए, जांचें कि हम सामंजस्य की स्थापना में कितने सफल हैं!

मूल्यांकन विधिः *आपके समक्ष 10 प्रश्न हैं। प्रत्येक प्रश्न के तीन विकल्प हैं, 'अ', 'ब' और 'स'। यदि आपका उत्तर 'अ' है, तो स्वयं को 1 अंक दें। यदि 'ब' है, तो स्वयं को 0 अंक दें। यदि 'स' है, तो आप –1 अंक के हकदार हैं। अंत में अंकों का योग कीजिए। यदि आपके कुल प्राप्त अंक 4 या इससे अधिक हैं, तो आप स्वयं को 'समझदार' की श्रेणी में रख सकते हैं। आप जमाने के साथ कदम-से-कदम मिलाकर चल रहे हैं। सभी आपका सम्मान करेंगे। यदि आपको 4 से कम अंक प्राप्त हैं, तो स्वयं में सुधार लाना चाहिए। आप नए-पुराने विचारों के बीच जूझ रहे हैं और उनसे सामंजस्य स्थापित करने के लिए आपको विवेकपूर्ण प्रयास करने चाहिए, किंतु यदि आप नेगेटिव अंक प्राप्त करते हैं, तो मान लें कि अब तक आपने केवल धूप में ही बाल सफेद किए हैं। आपको बहुत से लोग नापसंद करते हैं। आपकी आदतों के कारण परिवारजन भी आपके प्रति नकारात्मक सोच रखते हैं। यदि आप अच्छा जीवन जीना चाहते हैं, तो स्वयं को बदलिए, अन्यथा आप स्वयं ही परेशान होंगे।*

प्रश्नोत्तरी

प्र. 1. आप अपने विवाहित पुत्र की ग़लती पर–

अ. उसे उसकी ग़लती की तरफ इशारा करते हुए सलाह देते हैं। ☐

ब. उसे अकेले में फटकार लगाते हैं। ☐

स. उसे उसकी पत्नी के सामने डांटने लगते हैं। ☐

प्र. 2. आपकी पोती जब अपने सहपाठियों से फोन पर बात करती है, तो–

अ. पोती के मित्रों में रुचि लेकर पूछते हैं कि किसका फोन था। ☐

ब. चोरी-चोरी कान लगाकर बातें सुनते हैं। ☐

स. नाक-भौंह सिकोड़ कर बुरा-भला कहते हैं। ☐

प्र. 3. आप अपनी सेहत के प्रति–

अ. पूर्णतः सजग हैं, इसलिए नियमित व्यायाम भी करते हैं। ☐

ब. कामों में इतने उलझे हुए हैं कि समय ही नहीं मिलता। ☐

स. लापरवाह हैं, मानते हैं कि बुढ़ापा तो आना ही है या आ गया है। ☐

प्र. 4. आप सेवानिवृत्त हो चुके हैं, अब आपके पास पर्याप्त समय है। आप अपना समय व्यतीत करते हैं–

अ. यथासंभव घर के कार्यों में सहयोग देकर और सामाजिक गतिविधियों में भाग लेकर। ☐

ब. अपनी हमउम्र मंडली के साथ गप्पें मारकर या ताश खेलकर। ☐

स. बहू-बेटे की कार्यप्रणाली पर नज़र रखते हुए उनमें मीन-मेख निकालकर। ☐

प्र. 5. आपकी बहू मायके जाना चाहती है, आप नहीं चाहते कि वह जाए, इसलिए–

अ. अगर कोई आवश्यक कार्य नहीं है, तो उसकी इच्छा पर छोड़ देंगे। अगर आवश्यक कार्य है, तो उस कार्य की ओर इशारा करेंगे। ☐

ब. आप बहाने बनाते हैं कि इस माह में मायके नहीं जाते या बार-बार मायके जाना ठीक नहीं, घर को संभालो। ☐

स. आज्ञा दे देते हैं, लेकिन बेटे पर दबाव डालते हैं कि वह उसे रोके। ☐

प्र. 6. आपको वहम है कि वीरवार के दिन कपड़े नहीं धोने चाहिए, आपकी बहू इस वहम को नहीं मानती। इस पर आप–

अ. अपने वहम दूसरों पर थोपने का प्रयास नहीं करेंगी। ☐

ब. प्रतिष्ठा का प्रश्न बनाकर नाराजगी व्यक्त करेंगी। ☐

स. आप अपनी बात मनवाने के लिए पति का सहारा लेंगी। ☐

प्र. 7. आपके बेटा-बहू नौकरीपेशा हैं। उनके बच्चे आपको संभालने पड़ते हैं। इस पर अकसर आपकी प्रतिक्रिया रहती है–

अ. आपसे पूरा दिन बच्चे नहीं संभाले जाते, इसलिए आप अपने बेटे से एक आया रखने की मांग करती हैं। ☐

ब. आपकी उम्र ज्यादा हो गई है। छोटे बच्चे सारा दिन तंग करते हैं। आप बच्चे संभालती तो हैं, लेकिन सारा दिन कुढ़ती रहती हैं और शाम को शिकायतें लेकर बैठ जाती हैं। ☐

स. आप बच्चे तो रखती हैं, लेकिन बात-बात पर एहसान जताती हैं। ☐

अभिभावक

आप अपने बच्चों का बहुत ध्यान रखते हैं। उनकी प्रत्येक आवश्यकता की पूर्ति करने का प्रयास करते हैं। आप उनकी उन्नति के सपने भी संजोते हैं, लेकिन आप एक अच्छे अभिभावक तभी साबित हो सकते हैं, जब आप अपने युवा होते बच्चों की आधुनिक सोच और इच्छाओं से परिचित होते हुए ठीक ढंग से उनका मार्गदर्शन करेंगे। चलिए, इस जांच के माध्यम से जानें कि आप अपने बच्चों की भावनाओं को कितना समझते हैं और उनका दिशा संचालन उचित रूप से कर रहे हैं अथवा नहीं।

मूल्यांकन विधिः *इस प्रश्नोत्तरी में कुल 10 प्रश्न हैं। प्रत्येक प्रश्न का उत्तर हां/नहीं है। यदि आपका उत्तर 'हां' है, तो स्वयं को 1 अंक दें और यदि 'नहीं' है, तो स्वयं को कोई अंक न दें। इस तरह यदि कुल प्राप्त अंकों का योग 6 या उससे अधिक है, तो आप एक अच्छे अभिभावक हैं और अपने बच्चों का ठीक तरह से मार्गदर्शन कर रहे हैं, किंतु यदि आपने 6 से कम अंक प्राप्त किए हैं, तो आप आज के बच्चों के साथ सामंजस्य बैठाने में असमर्थ सिद्ध हो रहे हैं। आपको स्वयं के व्यवहार में सुधार की जरूरत है।*

प्रश्नोत्तरी

प्र. 1. क्या आप अपनी पुत्री से सहेली की तरह व्यवहार करती हैं?

उ. हां/नहीं। ☐

प्र. 2. यदि आपका बच्चा आए दिन किसी-न-किसी मित्र के घर जाने के बहाने घर से निकले, तो क्या आप उसकी सच्चाई की जांच करने का प्रयास करते हैं?

उ. हां/नहीं। ☐

प्र. 3. क्या आप समय-समय पर बच्चे के अध्यापकों से मिलते हैं?

उ. हां/नहीं। ☐

प्र. 4. **यदि आपका युवा पुत्र-पुत्री खोए-खोए रहने लगें, तो क्या आप उनके व्यवहार में आए इस परिवर्तन के कारण को गहराई से जानने का प्रयास करते हैं?**

उ. हां/नहीं। ☐

प्र. 5. **यदि आपकी किशोर संतान बार-बार शीशा देखने लगे, तो क्या आप उसके मनोभावों को समझते हुए उसे विपरीत लिंग के आकर्षण के विषय में समझाते हैं?**

उ. हां/नहीं। ☐

प्र. 6. **क्या आप अपने बच्चों को नैतिक मूल्यों की शिक्षा देते हैं?**

उ. हां/नहीं। ☐

प्र. 7. **क्या आप ध्यान देते हैं कि आपके बच्चे अपना जेबखर्च किस तरह व्यय करते हैं?**

उ. हां/नहीं। ☐

प्र. 8. **क्या आप अपने बच्चों के मित्रों का स्वागत सत्कार करते हैं?**

उ. हां/नहीं। ☐

प्र. 9. **क्या आप बच्चों से छोटे-छोटे पारिवारिक मुद्दों पर सलाह लेते हैं?**

उ. हां/नहीं। ☐

प्र. 10. **क्या आप अपने बच्चों के साथ सामाजिक विषयों पर चर्चा करते हैं?**

उ. हां/नहीं। ☐

शुरुआती कदम

आधुनिक जीवन शैली का हमारे मन पर गहरा प्रभाव पड़ा है। दोषपूर्ण जीवन शैली कई मानसिक क्षीणताओं का कारण बन रही है। आधुनिक दौर में बढ़ता हुआ तनाव नई जीवन शैली का ही परिणाम है। कम समय में बहुत अधिक कार्य करने की चाहत, जीवन में अनुशासन का अभाव, प्राकृतिक नियमों का उल्लंघन और अव्यवस्थित कार्यप्रणाली से उत्पन्न तनावों और मानसिक दबावों ने तन और मन दोनों को दुर्बल किया है। उच्च रक्तचाप, दिल का दौरा, मधुमेह जैसी बीमारियां आज पहले से ज्यादा प्रचलित हैं। आज भी भारतीय गांवों में 70-80 वर्ष की आयु वाले व्यक्ति पूर्णतः स्वस्थ जीवन जी रहे हैं, लेकिन शहरी मॉडर्न लाइफ स्टाइल ने 40 वर्ष की आयु पार करते ही नियमित डॉक्टरी जांच एक आवश्यकता बना दी है, फिर भी आधुनिक जीवन शैली हमारी पसंद भी है और जरूरत भी। देखा जाए, तो हमारे इस आधुनिक जीवन में हम अपने बहुत से दबावों, तनावों और रोगों से मुक्ति केवल अपनी कार्यप्रणाली और दिनचर्या में थोड़ा-सा सुधार करके ला सकते हैं।

सर्वप्रथम हम अपनी कार्यप्रणाली में सुधारों के विषय में बात करते हैं। कार्य चाहे छोटा हो या बड़ा, अगर हमारी दृष्टि में उसका महत्व है और हम उसे पूर्ण करना चाहते हैं, तो हमें चाहिए कि उसके लिए समय निर्धारित कर लें कि अमुक समय तक अपना यह कार्य समाप्त कर लेंगे। ऐसा करने से एक तो पूरी शक्ति उस कार्य में लग जाएगी, दूसरे हमारे दिलो-दिमाग में उस कार्य को निश्चित अवधि तक समाप्त करने का जोश भर जाएगा। अकसर होता यह है कि हम किसी काम के लिए समय निर्धारित नहीं करते और धीरे-धीरे उसे करते रहते हैं। इस बीच हम अन्य कई कार्यों को, जिनका महत्व नहीं होता, अपना थोड़ा-थोड़ा समय देते रहते हैं। इससे मूल कार्य को पूरा करने में बहुत देर लग जाती है और इस तरह हर कार्य विलंब से पूरा करने का तनाव झेलते हैं। मैंने जब से अपने जीवन में समयबद्ध कार्यप्रणाली के सिद्धांत को अपनाया है, बहुत लाभ अनुभव किया

है। यह सिद्धांत मुझे तब मिला, जब मैंने अपने छात्र जीवन में महत्वपूर्ण नोट्स तैयार करने के लिए पुस्तकालय से एक पुस्तक ली थी और उसे दो दिन में लौटाना था, क्योंकि पुस्तक लौटाने का समय निर्धारित था, इसलिए मैंने सभी काम छोड़कर दो दिन में ही नोट्स बनाने की ठानी और इसमें सफलता भी हासिल की। मैंने महसूस किया कि अगर मुझे वह पुस्तक दो दिन में न लौटानी होती, तो मैं वही नोट्स तैयार करने में लगभग 15-20 दिन तो अवश्य लगा देती। बस, मैंने तब से प्रत्येक कार्य के लिए समय निर्धारित करना शुरू कर दिया। अब रसोई में खाना बनाने के लिए भी मैं पहले से ही समय निर्धारित कर लेती हूं। यहां तक कि कार्यालय में भी मैं अपने हिसाब से अपने कार्य को समाप्त करने के लिए समय सीमा बनाती हूं। मुझे इससे बहुत फायदा हुआ। आप इस सिद्धांत को अवश्य अपना कर देखें।

एक समय में एक ही काम

दूसरी बात, एक समय में एक ही काम करें। अकसर लोग एक साथ दो-तीन काम करने प्रारंभ कर देते हैं। इससे समय की बचत नहीं होती, बल्कि जरूरत से ज्यादा समय लगता है, क्योंकि हम एक काम पर पूरी तरह एकाग्र नहीं हो पाते। एकाग्रता की कमी से कार्य की गुणवत्ता पर भी विपरीत प्रभाव पड़ता है। एक साथ बहुत से काम करने पर कोई काम समय पर पूरा नहीं हो पाता, जिससे तनाव बढ़ता है। माना कि आपके पास समय कम है और काम ज्यादा है, लेकिन कार्यों के महत्व के अनुसार उन्हें क्रम से करते रहें। इस तरह क्रमशः सभी काम पूरे हो जाएंगे। कहते हैं कि **एकै साधे सब सधे, सब साधे सब जाय**। अपने विद्यार्थी जीवन को याद करें। जब आप छोटे थे, तो बहुत से प्रश्न एक साथ याद करने की बात सोचकर ही आपको घबराहट होने लगती थी, किंतु जब एक-एक करके याद कर लेते थे, तो सब आसान हो जाता था।

अपने मैनेजर स्वयं बनें

अपने कार्यों के लिए पहले योजनाएं बनाएं। आज के जटिल और तेज़ रफ़्तार जीवन में योजनाबद्ध तरीके से कार्य बहुत जरूरी है। अपनी योजनाओं को कलमबद्ध अवश्य करें। योजनाओं के क्रियान्वयन में यह तरीका सहायक सिद्ध होगा। बड़े-बड़े कार्यालयों में मैनेजर का काम योजनाएं बनाना और उन्हें क्रियान्वित करवाना ही होता है। आप अपने मैनेजर स्वयं बनें।

आधुनिक दौर में बहुत सारा पाने की चाहत ने व्यक्ति को बहुत व्यस्त बना दिया है। परिणामतः उसे पग-पग पर बहुत-सी समस्याओं का सामना करना पड़ता है। वह अपनी सूझ-बूझ और शैक्षणिक योग्यता से समस्याओं को सुलझाने में सक्षम

है, किंतु समस्या तब बढ़ जाती है, जब वह अपनी सभी समस्याओं को एक साथ देखना प्रारंभ कर देता है। समस्याओं को मिलाकर देखने से वह अपने मूल आकार से बढ़कर दिखने लगती हैं और व्यक्ति उनसे डरकर निराशा के गर्त में गिरने लगता है।

समस्याएं एक-एक कर सुलझाएं

मुझे याद है कि एक बार मैं अपने मित्र के घर गई, तो उसकी मां ने मुझे कुछ समय बैठकर प्रतीक्षा करने के लिए कहा, क्योंकि मेरी मित्र उस समय पूजा कर रही थी। मैं उसकी प्रतीक्षा करने लगी। जब वह पूजा करके लौटी, तो उसकी आंखों में सूजन थी। थोड़ी देर मुझसे बात करते-करते वह रोने लगी। मैं भी हैरान कि मैंने तो कोई ऐसी बात नहीं कही, जिससे उसे दुख हो। उसकी मां भी परेशान हो गई कि अभी-अभी तो ठीक-ठाक थी। मां ने बताया कि पूजा करने से पूर्व हंस-हंसकर बातें कर रही थी। मैंने उससे पूछा कि उसने कैसी पूजा की थी, तो उसने उत्तर दिया, "आज मैंने भगवान से दिल खोलकर मांगा था।" मुझे कुछ-कुछ समझ आने लगा। मैंने थोड़ा और कुरेदा, तो पता चला कि उसके पिता कुछ दिनों से बीमार हैं। भाई को नौकरी नहीं मिल रही है। उसके अपने कार्यालय में हड़ताल है। उसकी परीक्षाएं भी निकट आ रही हैं, लेकिन न तो पढ़ने में दिल लगता है और न ही समय मिलता है। और भी बहुत-सी बातें, जो उसके लिए प्रतिकूल थीं, उनका सामना भी उसे करना पड़ रहा था। जब वह भगवान से प्रार्थना के लिए उन्मुख थी, तो उसने ये सब समस्याएं मन-ही-मन दोहराना शुरू कर दीं और इतनी सारी समस्याएं एक साथ देखकर वह एकदम निराश और दुखी हो गई। सबके साथ ऐसा ही होता है। तमाम समस्याएं जब एक साथ दिखती हैं, तो व्यक्ति उनमें उलझने लगता है। समस्याओं में उलझिए नहीं, उन्हें एक-एक करके सुलझाने का प्रयास करें।

जल्दी सोएं, जल्दी उठें

यदि दिनचर्या में सुधार की बात करें, तो हमें अपनी दिनचर्या को अनुशासित करने की जरूरत है। निश्चित समय पर उठने और सोने का नियम स्वतः बहुत सी समस्याओं को सुलझा देता है। सुबह जल्दी उठने और रात को जल्दी सोने का नियम प्रकृति के अनुकूल है। अतः यही अपनाएं। आज का सबसे बड़ा दोष इस नियम की अवहेलना है। लोग देर रात तक टी.वी. देखते हैं और सुबह भी देर से उठते हैं, जिससे पूरी दिनचर्या बिगड़ जाती है। सवेरे का समय ताजगी-भरा होता है। उसे व्यर्थ न जाने दें। विद्यार्थी-काल में भी देर रात तक जागकर पढ़ने से बेहतर है सुबह जल्दी उठकर पढ़ें।

कुछ करने के लिए स्वास्थ्य ज़रूरी

आधुनिक खान-पान भी स्वास्थ्य की दृष्टि से सुधार की मांग करता है। जितना सिगरेट, तंबाकू और मदिरा से परहेज करना चाहिए, उतना ही आज ये जीवन के अभिन्न अंग बनते जा रहे हैं। चाय-कॉफी के अत्यधिक सेवन से भी बचना चाहिए। कार्यालय में बैठे-बैठे बिना वजह चाय की चुस्कियां लेना उचित नहीं। न ही हर आने वाले मेहमान को चाय पिलाना और फिर उसका साथ देने के लिए चाय का सेवन करने का नियम बनाना ठीक है। आज चाय और कॉफी का प्रचलन बढ़ता जा रहा है, जो स्वास्थ्य की दृष्टि से हानिकारक है। दूसरी ओर फॉस्ट फूड का चलन भी स्वास्थ्य पर प्रश्नचिह्न लगाता है। जरा सोचिए, एक तरफ आपकी महत्वाकांक्षाएं बहुत आगे बढ़ने की हैं, दूसरी ओर आप अपने स्वास्थ्य के प्रति लापरवाही बरतकर अपने तन-मन को रोगी बना रहे हैं। क्या ऐसा करके आप अपनी महत्वाकांक्षाओं की पूर्ति के लिए ऊर्जा जुटा पाएंगे? अस्वस्थ व्यक्ति कुछ नहीं कर सकता। इसलिए आधुनिकता के चक्कर में फास्ट फूड और शीतल पेय प्रेमी बनकर अपने स्वास्थ्य के साथ अन्याय न करें।

प्रतिज्ञा : मैं प्रण करता/करती हूं कि आज से ही अपने स्वास्थ्य के प्रति पूर्णतः सजग रहते हुए अपनी कार्यप्रणाली को अनुशासित करूंगा/करूंगी।

छोटी-छोटी खुशियां भी बड़ी समझें

प्रसन्नता का संबंध मात्र हृदय से है। एक गरीब व्यक्ति भी खुश रह सकता है और एक अमीर व्यक्ति भी दुखी हो सकता है, लेकिन यह भी सत्य है कि दुखी कोई नहीं होना चाहता। चाह कर भी हम प्रसन्नता से दूर होते जा रहे हैं। इसमें हमारी जीवन शैली का दोष तो नहीं!

आज की ज़िंदगी व्यस्त और भाग-दौड़ वाली है। कई बार लगता है कि इस भागम-भाग में प्रसन्नता और खुशी के पल कहीं खो गए हैं, लेकिन यदि सफल होना है और आगे बढ़ना है, तो व्यस्तता को कम भी नहीं किया जा सकता। यदि प्रकृति ने 24 घंटों का एक दिन न्निर्धारित किया है, तो वह भी अपना नियम नहीं तोड़ेगी। यानी हमें जो भी करना है, इन 24 घंटों की परिधि में ही करना है, लेकिन यदि सफलता पाने के लिए या सफलता के पश्चात भी हम प्रसन्नता का अनुभव नहीं कर पाते, तो हमारी उन्नति किसी काम की नहीं। चलिए, आधुनिक जीवन की व्यस्तता में भी प्रसन्नता के पल खोजने के प्रयास करें–

- प्रत्येक व्यक्ति जहां पर खड़ा है, वहां से आगे बढ़ना चाहता है। अपनी पूर्ण शक्ति आगे बढ़ने में लगा रहा है। वह जो चाहता है, पा लेता है, लेकिन पाने के बाद भी असंतुष्टि पीछा नहीं छोड़ती। परिणामतः जो भी पाया है, उसकी खुशी अनुभव करने से पूर्व ही कुछ और नया पाने की होड़ परेशान करने लगती है। इस तरह हम कुछ पाने की प्रसन्नता महसूस ही नहीं कर पाते। यह मात्र हमारे असंतोष के भाव के अति पुष्ट होने से ही होता है। यदि हम संतुष्ट होने की कला सीख लें, तो खुश रह सकते हैं। यह भी सत्य है कि यदि व्यक्ति में स्थायी रूप से संतुष्टि के भाव पैदा होने लगें, तो उसकी उन्नति में अवरोधक सिद्ध हो सकते हैं। इसलिए इतना संतोष तो होना ही चाहिए कि जो पाया है, उसका आनंद ले सकें।

- सदैव स्मरण रखें कि जिंदगी 'जीने' के लिए है, केवल 'काटने' के लिए नहीं। यदि अपने हृदय में यह भाव स्थायी रूप से अंकित कर लें, तो हम जीवन के प्रत्येक पल को 'जीने' के अंदाज में बिताएंगे और हर पल आगे बढ़ते हुए भी खुशी ढूंढ़ने के प्रयास करेंगे। वर्तमान समय में अधिकांश लोगों की अप्रसन्नता का कारण उनके हृदय में उठने वाला भाव है कि जैसे भी हो जीवन तो 'काटना' ही है। जरूरी नहीं कि बहुत अधिक भौतिक सुविधाएं एकत्रित करके ही खुशी हासिल की जाए। जीवन में आनंद के पल तो मुफ़्त में ही खोजे जा सकते हैं। बस, एक खोजी हृदय होना चाहिए।
- यदि प्रसन्न रहना चाहते हैं, तो अपने जीवन के लक्ष्य में 'प्रसन्नता प्राप्त करने' को भी जोड़ लीजिए। आपका लक्ष्य बहुत बड़ी उपलब्धि पाना हो सकता है, लेकिन उस उपलब्धि के साथ-साथ चिंतामुक्त और प्रसन्न रहना भी आपका लक्ष्य होना चाहिए। अकसर हम सोचते हैं कि अपना अमुक लक्ष्य प्राप्त करके प्रसन्न हो जाएंगे, जबकि हमें लक्ष्य प्राप्त करते समय भी प्रसन्न रहने का संकल्प लेना चाहिए।
- आधुनिक जीवन की सबसे बुरी देन 'चिंतित मनोवृत्ति' है। दूसरों से आगे बढ़ना, दूसरों से बेहतर दिखना और अपने 'स्टेटस' को 'मेनटेन' रखने की होड़ ने हमें स्थायी रूप से चिंताग्रस्त कर दिया है। परिणामतः छोटी-छोटी बातों पर भी चिंता करना हमारी आदत बन गई है। इस आदत को त्यागें। छोटी-छोटी बातों को नज़रअंदाज करने का गुण पैदा कर हम अपनी 'चिंतित मनोवृत्ति' से छुटकारा पा सकते हैं। याद रखें, चिंतित व्यक्ति कभी भी वास्तविक प्रसन्नता अनुभव नहीं कर सकता।
- प्रसन्नता का कोई मोल नहीं होता, क्योंकि प्रसन्नता प्राकृतिक देन है। प्रकृति के मध्य रहकर भी खुशी हासिल कर सकते हैं। माना कि हम बहुत व्यस्त हैं, लेकिन ऐसी व्यस्तता किस काम की, जो हमारा सुकून ही छीन ले। प्रकृति से दोस्ती करें। कभी-कभी खिलते हुए फूलों को निहारें। मंद-मंद बहते पवन को महसूस करने का प्रयास करें। गिरते हुए झरने या कभी रिम-झिम बरसते वर्षा के जल को ही निहार कर देखें। आपको जो खुशी मिलेगी, आप उसे शब्दों में बयान नहीं कर पाएंगे। समयाभाव का बहाना न बनाएं। भूलिए नहीं, प्रसन्नता हासिल करना भी आपके जीवन का लक्ष्य है।
- **जैसा होगा तन, वैसा होगा मन।** तन को स्वस्थ रखें, मन भी स्वस्थ रहेगा। स्वस्थ मन ही खुशी महसूस कर सकता है। इसलिए अपने स्वास्थ्य के

प्रति लापरवाही न बरतें। सुबह-शाम व्यायाम के लिए समय निकालें। भले ही 15 मिनट क्यों न निकालें, लेकिन व्यायाम अवश्य करें। आप खाने-पीने, स्नान करने आदि के लिए भी तो समय निकालते ही हैं। व्यायाम को भी अपनी दिनचर्या का अंग बनाएं।

- मनोरंजन की आवश्यकता को समझें। छोटा-सा शिशु भी मनोरंजन चाहता है। मनोरंजन करना मानवीय स्वभाव है। अपने मनोरंजन के लिए प्रबंध अवश्य करें। मनोरंजन बैटरी चार्ज करने जैसा काम करता है। इससे थकान दूर होगी और आप दोगुनी ऊर्जा से कार्य के लिए तैयार हो जाएंगे। साथ ही मनोरंजन से खुशी भी मिलेगी, जिससे मन प्रसन्न रहेगा।
- प्रसन्न रहने का एक सरल उपाय है, अपनी रुचि को विकसित करें। कुछ कार्य अपनी रुचि अनुसार अवश्य करें। आपकी रुचि कलात्मक कार्यों में भी हो सकती है। रुचि के अनुकूल कार्य करने से भी प्रसन्नता मिलेगी। अपनी व्यस्त दिनचर्या में से कुछ पल ऐसे कार्यों के लिए निकालें, जो आपकी आय के स्रोत न हों, जिन्हें करने से गहरा आत्मसंतोष मिलता हो।
- जब आप महसूस करने लगें कि आपकी अप्रसन्नता आप पर ज्यादा ही हा़वी हो रही है और अति व्यस्तता से आप थक गए हैं, ऊब गए हैं, तो समझिए, यह पिकनिक मनाने का सबसे अच्छा समय है। पत्नी और बच्चों के साथ पिकनिक के लिए निकल पड़ें। इस तरह आप घर-परिवार को समय भी दे पाएंगे और हसीन पलों को महसूस भी करेंगे।
- यदि आप सदैव प्रसन्न रहना चाहते हैं, तो एक अच्छी मित्र-मंडली तैयार करें। मित्र आवश्यकता के समय काम भी आते हैं और विचलित अवस्था में मानसिक संबल भी बनते हैं। मित्र हंसी-मजाक से दिल बहलाते हैं, अपने दिल की कई बातें हम मित्रों से करके स्वयं को हलका भी महसूस करते हैं। मित्र बनाना बेहद जरूरी है, लेकिन मित्र बनाना आसान कार्य भी नहीं है। मित्रों का चुनाव बहुत सोच-समझकर किया जाना चाहिए। ग़लत मित्र मार्ग भ्रमित भी कर देते हैं।

आज के अति व्यस्त जीवन में इन व्यावहारिक बातों पर अमल करके छोटी-छोटी खुशियां हासिल की जा सकती हैं। स्मरण रखें, बड़ी खुशी की प्रतीक्षा में छोटी-छोटी खुशियों को नज़रअंदाज करना मूर्खता है। अकसर छोटी-छोटी खुशियां ही बड़ी खुशी का कारण बनती हैं। यदि आप छोटे-छोटे अवसरों में प्रसन्नता के पल नहीं खोज सकते, तो बड़ी खुशी के प्रति भी अपनी संवेदना को मृत ही पाएंगे। एक छोटा

बच्चा पक्षी का रंग-बिरंगा पंख पाकर भी खुश होता है। कंचे खेलते हुए जीत जाने पर भी वह प्रसन्न होता है, कटी पतंग मिल जाने पर भी उसकी खुशी उसके चेहरे पर स्पष्ट झलकने लगती है। विचार कीजिए, आपकी उपलब्धि तो इनसे बड़ी है। उसके लिए आनंदित न होकर आप अपनी जीत या उपलब्धि का तिरस्कार क्यों करते हैं? अपनी छोटी-छोटी उपलब्धियों का भी हंसते-गाते हुए स्वागत करें। हर उन संभावनाओं को महत्व दें, जो निश्चित रूप से बड़ी खुशी की आधारशिला बनती हैं। किसी भी काम को छोटा समझ कर न छोड़ें, क्योंकि आप देखेंगे कि एक समय वही काम धीरे-धीरे बड़ा बनता जाएगा। ज़रूरत है धैर्य, लगन और निरंतरता की और जब आप अंतिम लक्ष्य पा जाएंगे, तो बड़ी खुशी भी आपके कदमों में लौटती नज़र आएगी।

प्रण : मैं प्रण करता/करती हूं कि विकट परिस्थितियों में भी प्रसन्नता के पल ढूंढ ही लूंगा/लूंगी।

अपनी सोच को आधुनिक बनाएं

आधुनिकता को लेकर सदैव संशय और दुविधा मानस में छाई रहती है। लोग समझते हैं कि किटी पार्टी, पब, डिस्को, ग्लैमर, फैशन और फर्राटेदार अंग्रेज़ी ही आधुनिकता है, तो यह भयंकर भूल है। वास्तव में सबसे आगे दिखने के लिए चाहिए आधुनिक सोच और समझ यानी जीवन में प्रगतिशील मूल्यों का समावेश।

मानव को संपूर्ण जीवन में पांच अवस्थाओं से गुज़रना पड़ता है– बाल्यावस्था, किशोरावस्था, युवावस्था, प्रौढ़ावस्था और वृद्धावस्था। बाल्यावस्था में व्यक्ति मात्र सीखने का कार्य करता है। सर्वप्रथम वह अपने परिवार से विचार ग्रहण करता है, फिर विद्यालय से और आस-पास के परिवेश से ज्ञानार्जन करता है। यही ज्ञान उसके व्यक्तित्व का आधार बनता है। किशोरावस्था में पहुंचते-पहुंचते व्यक्ति के मन में एक काल्पनिक व्यक्तित्व की रेखाएं खिंचने लगती हैं और वह उसके अनुरूप ढलना चाहता है। जैसे ही उसके पांव युवावस्था की दहलीज पर कदम रखते हैं, वह पूरे जोश और उत्साह से अपनी कल्पना में हावी हो रहे व्यक्तित्वानुसार स्वयं को प्रस्तुत करने का प्रयत्न करता है। युवावस्था में व्यक्ति स्वयं को सर्वश्रेष्ठ सिद्ध करने के लिए पूरी तरह प्रयत्नरत रहता है। वह अपना सर्वस्व दांव पर लगाकर स्वयं को बदलते हुए समाज में फिट करने के लिए संघर्ष करता है। दूसरे शब्दों में, वह आज के समाज में पूरी तरह आधुनिक दिखना चाहता है। कई बार इसी प्रयत्न में वह ग़लत दिशा भी पकड़ लेता है और यह दिशा उसका संपूर्ण जीवन बर्बाद कर देती है। प्रौढ़ावस्था आते-आते व्यक्ति का जोश थमने लगता है और वह आधुनिक दिखने के मोहपाश से थोड़ा-थोड़ा बाहर निकलता जाता है। वृद्धावस्था आने पर व्यक्ति शारीरिक और मानसिक शिथिलता के कारण आधुनिक अवधारणा में पिछड़ने लगता है। इसी अभाव के कारण कई बार वह प्रत्येक आधुनिक वस्तु और विचार का विरोध करने लगता है।

अब विचार उठता है कि क्या आधुनिक बनने का प्रयत्न करना चाहिए? युवा वर्ग जिस आधुनिकता की ओर पूरे जोश से दौड़ता है, वह कहां तक उचित है? और

एक वह वर्ग, जो पूरी तरह आधुनिकता के विरोध में खड़ा है, कहां तक सही है? लेकिन इन सब प्रश्नों के उत्तर देने से पूर्व यह जानना जरूरी हो जाता है कि वास्तव में आधुनिकता किसे कहा जाए? अगर हम वास्तव में आधुनिक होने का सही अर्थ जान लें और मात्र वेशभूषा और भाषा में परिवर्तन लाने को ही आधुनिकता की निशानी न समझें, तो आधुनिक होने में कोई बुराई नहीं, बल्कि यह आधुनिक समाज की जरूरत ही कही जाएगी।

वास्तव में आधुनिकता को परिभाषित नहीं किया जा सकता। यह हमारे दृष्टिकोण पर निर्भर करता है कि हम किसे आधुनिकता मानते हैं। देश और काल के अनुसार 'आधुनिकता' के मानदंड भी बदल जाते हैं। भारत में एक लड़की का छोटे वस्त्र पहनना उसकी दृष्टि में आधुनिकता की निशानी हो सकता है, लेकिन इंग्लैंड में यह साधारण बात है। इसी तरह आज से 70 वर्ष पूर्व एक लड़की का साइकिल चलाना आधुनिक कहलाता था, लेकिन आज ऐसा नहीं है। इसी तरह कल तक शराब को युवा पीढ़ी एक बुराई में गिनती थी। लेकिन आज यह 'आधुनिकता' की पहचान है। दरअसल एक व्यक्ति के लिए आधुनिक वह है, जो उसकी पहुंच से बाहर है। एक गांव के व्यक्ति के लिए एक लड़की का जींस पहनना आधुनिक हो सकता है, लेकिन शहरी परिवेश में साधारण बात गिनी जाती है। एक व्यक्ति जो कार्य आधुनिकता की आड़ में कर रहा है, दूसरे के लिए वही निर्लज्जता का प्रदर्शन हो सकता है, फिर भी हर व्यक्ति जहां खड़ा है, वहां से आधुनिकता की ओर चलना चाहता है। गांव का व्यक्ति शहरी व्यक्ति की नकल करके आधुनिक होना चाहता है, शहर का व्यक्ति महानगरीय रंग-ढंग और दिनचर्या अपनाना चाहता है और महानगर के लोग पश्चिमी सभ्यता में रंगना चाहते हैं। आज के युवाओं की दृष्टि में जो उनकी पहुंच से बाहर है, वह उनके लिए आधुनिक है। ऐसी सोच के परिणामस्वरूप ही वे आधुनिकता की होड़ में दौड़ रहे हैं और इस तेज दौड़ में ठोकर खाकर गिर भी पड़ते हैं, चोट भी लगती है, लेकिन फिर उठकर दौड़ने लगते हैं। उनका उत्साह देखकर खुशी होती है, लेकिन तब दुख होता है, जब वे दौड़ते-दौड़ते पुनः वहीं आकर खड़े मिलते हैं, जहां से उन्होंने दौड़ शुरू की थी। ऐसी दौड़ से क्या लाभ?

नशाखोरी करके, डिज़ाइन वाले कपड़े पहनकर या पश्चिमी भाषा अपना कर आधुनिक नहीं बना जा सकता। यह मात्र अंधी दौड़ साबित होगी। अगर आप वास्तव में आधुनिक बनना चाहते हैं, तो अपनी सोच और व्यवहार को आधुनिक तथा प्रगतिशील बनाना होगा।

आधुनिक बनें, लेकिन दिखावापसंद नहीं। मात्र मॉडर्न स्टाइल की वेशभूषा से वास्तविक आधुनिकता हासिल नहीं की जा सकती। कल्पना कीजिए, एक युवा लड़की अंग दिखाऊ वस्त्र पहने हुए है। उसे देखकर एक बार तो आपके मुख से अवश्य निकलेगा, 'वाह, क्या मॉड लड़की है!' लेकिन आपके द्वारा उसे 'मॉडर्न' कहने में प्रशंसनीय भाव नहीं होगा। क्या आप भी ऐसे 'मॉडर्न' बनना चाहते हैं? नहीं, शायद आप ऐसे मॉडर्न बनना पसंद नहीं करेंगे, जिससे आपको आलोचनाओं का सामना करना पड़े। प्रयत्न करें कि लोग आपकी वेशभूषा से नहीं, बल्कि आपके व्यवहार एवं विचारों को देखकर आपको आधुनिक कहें। आधुनिक दिखने के चक्कर में फूहड़ वस्त्र पहनकर लोगों की नज़रों से भय ही प्राप्त होता है, मानसिक संतुष्टि नहीं। प्रगतिशील बनना या कहलाना हमारा उद्देश्य हो सकता है, लेकिन प्रगतिशील बनने के लिए प्रदर्शन करना जरूरी नहीं, बल्कि आधुनिकता और प्रगतिशीलता लानी चाहिए अपने विचारों में। उदारता एवं व्यापकता लाकर आधुनिक कहलाया जा सकता है। अधिकतर युवा वस्त्र तो आधुनिक पहन लेते हैं, भाषा भी आधुनिक सीख लेते हैं, लेकिन अपनी मानसिक संकीर्णता की ओर ध्यान नहीं देते।

कल्पना करें कि कोई बहुत सुंदर महल है। उस पर कीमती पत्थर लगे हैं। वे बहुत सुंदर हैं। लोग एक बार तो उसकी प्रशंसा जरूर करेंगे, लेकिन यदि एक बार की तेज आंधी ने उस महल को गिरा दिया, तो कोई उसके कीमती पत्थरों की प्रशंसा करने नहीं आएगा, लेकिन यदि महल की नींव में मजबूत पत्थर लगे हैं, तो उसको तेज आंधियां भी नहीं गिरा पाएंगी और वह सदैव प्रशंसा का पात्र बना रहेगा। ठीक इसी तरह आपके विचार नींव के मजबूत पत्थर की तरह सुदृढ़ होने चाहिए, ताकि उस पर टिका आधुनिक कीमती पत्थरों का महल सदैव प्रशंसनीय बना रहे।

बात आधुनिक मूल्यों और मान्यताओं की है। जब तक आप अपने घर की स्त्रियों को समानता का अधिकार नहीं देंगे, समाज में विधवा विवाह के लिए किसी की मदद नहीं करेंगे, तो किस तरह आधुनिक कहलाएंगे! लड़कियों को तैराकी में चैंपियन नहीं बनने देंगे, नृत्य-संगीत में आगे नहीं बढ़ने देंगे, तो आप काहे के आधुनिक। आधुनिकता की होड़ में स्त्री-पुरुष संबंधों को प्रेम की जगह वासना के रूप में देखना सच्चाई नहीं है, न ही 'वेलेंटाइन डे स्टाइल' ही वास्तविक है। इसमें तो गरिमा और मर्यादा होनी ही चाहिए। संबंधों की ऊंचाइयों से 'मॉडर्निटी' परिलक्षित होती है, उसकी विकृतियों से नहीं।

प्रतिज्ञा : मैं प्रतिज्ञा करता/करती हूं कि मैं अभी से स्वयं को आधुनिकता के मापदंडों पर खरे उतारने के प्रयास सच्चे मन से करूंगा/करूंगी।

यही है राइट च्वाइस फैमिली

कितने खेद का विषय है कि आधुनिक छोटे परिवार में भौतिक सुविधाओं की कमी न होते हुए भी शांति और प्रसन्नता नहीं है। पति-पत्नी दोनों आधुनिकता का दंभ भरते हैं, किंतु वैचारिक अपरिपक्वता के कारण ये दौड़ में पिछड़ने लगते हैं और दांपत्य की गाड़ी के पहिए थोड़ी दूरी तय करने के बाद ही पंक्चर होने प्रारंभ हो जाते हैं। हमने यहां पांच विषय या समस्याएं चुनी हैं, जिनका सामना लगभग सभी आधुनिक दंपतियों को करना पड़ता है। आप ऐसी परिस्थिति सामने आने पर क्या करते हैं, मैं नहीं जानती, लेकिन आप स्वयं का मूल्यांकन तो कर ही सकते हैं।

भले ही समाज या समाज में रहने वाले किसी भी वर्ग के लोग कितने ही आधुनिक क्यों न हो जाएं, उनका सुख और खुशी उनकी फैमिली अर्थात् परिवार से ही प्रारंभ होती है। परिवार ऐसी धुरी है, जहां से व्यक्ति पूरे संसार का चक्कर क्यों न काट ले, उससे जुड़ा रहना चाहता है। किसी भी क्षेत्र में कितनी ही सफलता क्यों न अर्जित कर ली जाए, समाज की दृष्टि में कितना ही सम्मान क्यों न प्राप्त कर लिया जाए, लेकिन यदि आपका पारिवारिक जीवन कलहपूर्ण है, तो आपकी सभी उपलब्धियों से मिलने वाली खुशियां पानी के बुलबुलों की तरह क्षणिक होंगी। आधुनिकीकरण के इस दौर में एकल परिवारों की संख्या बढ़ रही है। एक परिवार की परिभाषा में पति-पत्नी और बच्चे ही आते हैं। ऐसे में यदि पति-पत्नी में आपसी समायोजन नहीं है, तो भले ही समाज की दृष्टि में आप एक परिवार में ही रह रहे हैं, किंतु आप अपने परिवार को 'राइट च्वाइस फैमिली' नहीं कह सकते। कोई परिवार चाहे कितना ही आधुनिक क्यों न हो, सफल वही कहलाएगा, जहां परिवार के सदस्य एक-दूसरे की भावनाओं को सम्मान देते हों। घर में एकता और शांति हो, सभी स्वस्थ और सुंदर बने रहने के प्रयत्न करते हों, आपस में दुख-दर्द बांटने और सहारा देने को तत्पर हों यानी सहअस्तित्व के सिद्धांत पर अमल करते हों, रोज़ी-रोज़गार से लगे हों, आर्थिक अभाव शून्य हो, ऐसा घर ही आपके सपनों का घर होगा यानी 'राइट च्वाइस' की यही परिभाषा है।

इसके विपरीत आधुनिक परिवेश से जुड़ी तमाम समस्याएं भी आधुनिक ही हैं। आज से 25-30 वर्ष पूर्व ऐसी समस्याएं कम नज़र आती थीं, किंतु ज्यों-ज्यों व्यक्ति भौतिक उन्नति करता गया, उसकी उलझनें भी रूप बदल कर सामने आने लगीं। इधर आधुनिक परिवारों में पति-पत्नी में आपसी कलह के कुछ नए ही कारण सामने आए हैं, जिसकी चर्चा करना अनिवार्य है। आप जानेंगे कि इसी से 'राइट च्वाइस फैमिली' में बिखराव आया है।

आधुनिक पति-पत्नी के बीच तनाव और कलह के कुछ मुद्दे निम्नलिखित हैं, जिनके विषय में अगले अध्यायों में विस्तार से बातचीत करेंगे–

1. दोस्ती करें, मगर संभल के।
2. नौकरीपेशा पत्नी को सहयोग दें।
3. अफसर पत्नी से ईर्ष्या न करें।
4. पत्नी की बड़ी उम्र पर न जाएं।
5. परस्पर टकराव को टालें।

बहरहाल पति-पत्नी के मध्य तनाव के उक्त कारण भले ही आधुनिक जीवन शैली की देन हों, किंतु इन सबका समाधान एक ही सोच से हो जाता है, यदि आप स्वयं को आधुनिक समझते हैं, तो पति-पत्नी को उन दो पहियों की तरह समझें, जिनका गाड़ी चलाने में समान योगदान है। न कोई श्रेष्ठ है और न कोई हीन। इसलिए दोनों को एक-दूसरे को सम्मान देना और भावनाओं की कद्र करना जरूरी है। एक-दूसरे की टांग खींचने की बजाए सहयोग देकर चलना चाहिए। सामूहिक उन्नति में ही परिवार का कल्याण है। परिवार के सदस्यों में आपसी तालमेल होगा, तभी समाज आपके परिवार को देखकर कहेगा, यही है राइट च्वाइस फैमिली।

दोस्ती करें, मगर संभल के

दोस्ती एक खूबसूरत जज़्बा है। एक समय था, जब स्त्री-पुरुष की दोस्ती की कल्पना भी नहीं की जाती थी, लेकिन आधुनिक युग में दोनों की मित्रता साधारण बात मानी जाती है, फिर भी यह मित्रता कई बार दांपत्य जीवन में दरार का कारण बन जाती है। एक तरफ हम आधुनिकता का आवरण ओढ़ते हुए स्त्री-पुरुष की मित्रता का समर्थन करते हैं, वहीं जब इसका सामना करते हैं, तो इसे पचाना हमारे लिए कठिन हो जाता है। आखिर यह विरोधाभास क्यों?

ऐसा भी समय था जब स्त्री-पुरुष की मित्रता तो दूर, स्त्री के लिए परपुरुष की ओर देखना भी पाप माना जाता था, लेकिन जैसे-जैसे सामाजिक परिवेश में बदलाव आया, व्यक्ति के रहन-सहन में परिवर्तन आया, पुरानी मान्यताओं ने भी स्वतः करवट लेनी प्रारंभ कर दिया। जहां आर्थिक पक्ष के संबंध में पुरुष ही सोचा करता था, वहीं अब स्त्री भी सजग हो गई। घर से नौकरी या व्यवसाय हेतु निकलने के साथ-साथ उसकी सोच का दायरा भी विस्तृत हुआ। अपने कारोबार के सिलसिले में भी सैकड़ों लोगों से मिलना, बातचीत करना उसकी आवश्यकता बन गई। संपर्क बढ़ते हैं, विचारों का आदान-प्रदान होता है, तो किसी से प्रभावित होना भी स्वाभाविक है। जब एक-दूसरे के काम आना, किसी विषय में सलाह देना या सहायता लेना प्रारंभ हो जाता है, तो उसे मित्रता का नाम दे देते हैं। मित्रता में यह ध्यान नहीं रहता कि सामने वाली स्त्री है या पुरुष, क्योंकि मित्रता तो वैचारिक धरातल पर खड़ी होती है। विचार एक स्त्री के पुरुष से या पुरुष के स्त्री से भी मिल सकते हैं। आज हम जिस समाज में रह रहे हैं, उसने भी स्त्री-पुरुष की स्वस्थ मैत्री को मान्यता दे दी है। आधुनिक कहलाया जाने वाला पुरुष हो या स्त्री, इस मित्रता के संबंध में उनके विचार लिए जाएं, तो कोई भी विरोध नहीं करना चाहेगा, क्योंकि वर्तमान दौर में स्त्री-पुरुष की मित्रता पर आपत्ति उठाने वाला व्यक्ति 'आउटडेटेड' कहलाएगा। आज कोई भी 'आउटडेटेड' नहीं कहलाना चाहता। तब स्थिति पूरी तरह विरोधाभासी हो जाती है, जब कोई एक तरफ तो आधुनिकता का जामा पहने

स्त्री-पुरुष मित्रता का समर्थन करता है, लेकिन वहीं अपनी पत्नी के पुरुष मित्रों को ग़लत नज़रों से देखता है। मित्रता तो दूर, कई बार आधुनिक विचारों वाला पति भी अपनी पत्नी का किसी पुरुष के साथ साधारण मेल-जोल भी बर्दाश्त नहीं कर पाता। ऐसी मानसिकता को संकुचित नहीं कहेंगे, तो क्या कहेंगे? क्या ऐसी सोच वाले पति को आधुनिक कहा जा सकता है? नहीं, कभी नहीं।

ऐसे में मुझे एक घटना याद आ रही है। यह मेरे एक नजदीकी रिश्तेदार से संबंधित है। यहां मैं उनसे अपनी रिश्तेदारी बताना उचित नहीं समझती। महिला अध्यापिका है। उसे पढ़ाने के लिए दूसरे शहर जाना पड़ता है। एक दिन बसों की हड़ताल हो गई, ऊपर से मौसम भी बरसाती हो गया। यह महिला अपने किसी सहकर्मी के साथ स्कूटर पर बैठकर घर पहुंच गई। घर में जब पति ने पूछा कि बसों की हड़ताल के कारण वह घर कैसे पहुंची, तो इस महिला ने स्पष्ट बता दिया। जब पति ने सुना कि उसकी पत्नी ने सहकर्मी से लिफ्ट ली है, तो वह आग-बबूला हो गया। तीन दिन तक इस बात पर पति-पत्नी में तनाव रहा। यह भी सत्य है कि इस महिला के पति की सहकर्मी स्त्री कई बार अपने पति के साथ उनके घर आ चुकी है और यह महिला हमेशा उससे पूरी आत्मीयता से मिली है। यहां आप पति को आधुनिक सोच वाला नहीं कह सकते। वह पत्नी से अपेक्षा करता है कि उसकी महिला मित्र का तो स्वागत किया जाए, जबकि पत्नी का किसी पुरुष सहकर्मी से आपातकालीन स्थिति में भी सहायता लेना सहन नहीं किया जा सकता। अतः अपनी शंकालु प्रवृत्ति से बाहर आया जाए, अन्यथा अलगाव या तलाक का कारण यह भी होता है।

आज की अधिकांश आधुनिक पत्नियां बचपन से ही सह-शिक्षा प्राप्त करती हैं। ऐसे में स्कूल-कॉलेज में लड़कों से मैत्री होना भी स्वाभाविक है। शादी के बाद अच्छे मित्रों को छोड़ा भी नहीं जाना चाहिए। समझदार पति को इसमें कोई एतराज नहीं होता, बल्कि पत्नी के मित्र आपके मित्र भी बन जाते हैं। उनका हार्दिक स्वागत करें। हां, यदि आपको पत्नी के किसी मित्र की कोई आदत पसंद नहीं, तो आप निःसंकोच पत्नी से कह दें, पत्नी बुरा नहीं मानेगी। आधुनिक युग में तो प्रत्येक कार्य संपर्कों से ही होता है। जितना आपके मित्रों का दायरा विस्तृत होगा, आप उतने ही सफल होते जाएंगे, लेकिन दायरा इतना भी न बढ़ाएं कि ज़्यादातर समय दोस्तों के साथ ही गुज़र जाए।

मित्रता का अर्थ प्रेम या रोमांस नहीं होता। स्वस्थ मित्रता से हमेशा लाभ ही होता है। स्वार्थी मित्रों से अवश्य दूर रहना चाहिए। महिला को भी पुरुष मित्र बनाते समय ध्यान रखना चाहिए कि कहीं वह किसी ऐसे व्यक्ति को तो मित्र नहीं बना रही, जो उसके महिला होने का फायदा उठाने की नीयत रखता हो। स्त्री-पुरुष की

मित्रता में मर्यादा जरूरी है। आपका व्यवहार अपने मित्र के प्रति इतना खुला नहीं होना चाहिए कि आपकी मित्रता पर कोई अंगुली उठा सके। हम जिस समाज में रहते हैं, उसकी मर्यादाओं का पालन करते हुए मैत्री संबंधों को स्थान देना जरूरी है। पति को भी अपनी पत्नी पर विश्वास होना चाहिए। उसकी पत्नी ऑफिस जाती है, इतने लोगों से मिलती है, वह किसी ग़लत व्यक्ति से संबंध कैसे रख सकती है! उसके कार्यालय में उसका भी एक अस्तित्व है। अपने अनुचित व्यवहार से वह अपने सम्मानित व्यक्तित्व पर आंच नहीं आने दे सकती। परिपक्व आयु की मित्रता में गर्लफ्रेंड या ब्वायफ्रेंड वाला 'बचकानापन' नहीं होता। इस आयु में जहां सोच परिपक्व होती है, वहीं मैत्री संबंध भी जागरूक होते हैं। पति-पत्नी को चाहिए कि वे एक-दूसरे के मित्रों को सम्मान देकर आधुनिकता का परिचय दें। इन संबंधों को शक की दृष्टि से देखना या ओछापन दिखाना घटिया मानसिकता का परिचायक है।

इस सबके बावजूद ऐसे दंपतियों की कमी नहीं है, जो एक-दूसरे के विश्वास को चोट पहुंचाने से नहीं हिचकिचाते। कई पति परस्त्री से संबंध बनाने में नहीं झिझकते, लेकिन ऐसे पतियों को यह बात हमेशा याद रखनी चाहिए कि अवैध संबंधों का जब खुलासा होगा, तो उनकी स्थिति धोबी के कुत्ते जैसी होगी। न तो वे अपनी पत्नी से मधुर संबंध बना पाएंगे और न ही अवैध संबंध ही किसी मंजिल पर पहुंचेंगे।

माना कि पत्नी प्रगतिशील है और वह आधुनिकता की दौड़ में जीतना भी चाहती हैं। आधुनिक महिला होने के कारण आपका महत्वाकांक्षी होना भी स्वाभाविक है, लेकिन इसकी पूर्ति के लिए कभी असम्मानजनक समझौता नहीं करना चाहिए। कितनी लज्जा की बात है कि आधुनिक समाज की पढ़ी-लिखी नारी भी कई बार नौकरी में उन्नति पाने के लिए अपने बॉस की अवैध मांग की पूर्ति के लिए भी तैयार हो जाती है। यह अवैध संबंध आपकी नौकरी में तरक्की का कारण तो बन सकते हैं, लेकिन आप सारी आयु आत्मग्लानि की पीड़ा झेलने के लिए विवश हो जाएंगी। आपकी शार्टकट में उन्नति पाने की चाहत आपके पारिवारिक जीवन को तो नष्ट कर ही देगी, समाज में भी आप सम्मान खो बैठेंगी।

इस संदर्भ में मैं इतना ही कहूंगी कि जिस तरह पति-पत्नी का एक-दूसरे पर विश्वास करना जरूरी है, उसी तरह विश्वास पर खरे उतरना भी जरूरी है। विश्वास को तोड़कर एक-दूसरे को शंका के घेरे में डालने से बचना चाहिए, क्योंकि वैवाहिक संबंध केवल दैहिक नहीं होता। यह एक-दूसरे से प्रेम, लगाव, सम्मान और विश्वास पर टिका होता है।

नौकरीपेशा पत्नी को सहयोग दें

नौकरीपेशा पत्नी आर्थिक रूप से पति की सहायता करके परिवार को मजबूत बनाती है। इसके साथ ही घर परिवार की जिम्मेदारियों को भी बखूबी निभाने का प्रयास करती है। आधुनिक युवक की पहली पसंद है, नौकरीपेशा पत्नी, लेकिन पत्नी भी इनसान है। कहीं आप उससे अतिरिक्त अपेक्षाएं तो नहीं करने लगे?

आधुनिक परिवारों की समस्याओं की कड़ी में एक और समस्या सामने आती है, जो पति द्वारा नौकरीपेशा पत्नी से आवश्यकता से अधिक अपेक्षाओं का परिणाम है। आधुनिकता की ओर हमारे बढ़ते कदमों ने नारी को अपने साथ कदम-से-कदम मिलाकर चलने के लिए प्रेरित किया और महिला ने घर की चारदीवारी से बाहर निकलकर अपने परिवार के आर्थिक पक्ष को मजबूत करने में सहयोग देने का बीड़ा उठाया। आधुनिकता का सबसे अधिक प्रभाव महिलाओं के जीवन और उनकी स्थिति-परिस्थितियों पर पड़ा है। आज की कामकाजी स्त्री दबाव से मुक्त नहीं, बल्कि दोहरी जिम्मेदारी के बोझ तले दबी हुई है। न्यूकिलिय यानी एकल परिवार वर्तमान उपभोक्तावादी संस्कृति का ही परिणाम है। संयुक्त परिवारों में रहने वाली महिलाओं को बेफिक्री थी। उन्हें परिवार के अन्य सदस्यों का सहयोग मिल जाता था। हां, पति के असहयोग की शिकायत अवश्य पाई जाती थी। बच्चों के पालन में जो असुविधाएं एकल परिवार की महिलाओं को झेलनी पड़ती हैं, संयुक्त परिवार की महिलाएं उनसे साफ बच निकलती थीं। वर्तमान एकल परिवारों में नौकरीपेशा स्त्रियां अकेले जूझने को अभिशप्त हैं। कारण यह कि आधुनिक पुरुष स्त्री द्वारा आर्थिक स्तर पर सहयोग करने की बात तो स्वीकार करता है, लेकिन घरेलू स्तर पर खुद अपने सहयोग की बात को नज़रअंदाज कर जाता है। कई परिवारों में पुरुषों पर अपने ही कार्यालय की जिम्मेदारियां इतनी अधिक होती हैं कि वे घर में स्त्री को सहयोग नहीं दे पाते। ऐसे में जरूरी नहीं कि पुरुष स्वयं घरेलू कामों में हाथ बटाएं। यदि आर्थिक स्थिति ठीक है, तो नौकर-नौकरानी रखकर भी स्त्री के बोझ को कम किया जा सकता है।

आधुनिक पति एक तरफ तो नौकरीपेशा पत्नी की इच्छा रखता है, दूसरी तरफ पूर्णतः घरेलू पत्नी से प्राप्त होने वाले सुख की भी आकांक्षा रहती है। ऐसे में वह भूल जाता है कि दोहरी जिम्मेदारी निभा रही पत्नी के प्रति उसका भी कुछ कर्तव्य बनता है। अधिकांश आधुनिक महिलाएं जो नौकरी के प्रारंभ में गर्व अनुभव करती हैं, धीरे-धीरे यही नौकरी उन्हें बोझ लगने लगती है। इस संदर्भ में मैंने कई नौकरीपेशा महिलाओं से बातचीत करके समस्या की तह तक जाने का प्रयास किया है।

श्रीमती सुनीता अरोड़ा सरकारी कार्यालय में लिपिक के पद पर कार्यरत हैं। पति भी सरकारी नौकरी करते हैं। दोनों सुबह 9 बजे से सायं 5.30 बजे तक कार्यालय में व्यस्त रहते हैं। शाम को लगभग 6 बजे घर पहुंचते हैं। सुनीता बताती हैं कि उनके पति घर पहुंचते ही ऐसे व्यवहार करते हैं, मानो बहुत थक गए हों। सुनीता के शब्दों में, ''घर पहुंचते ही मैं चाय बनाती हूं। कई बार इतनी थक जाती हूं कि चाय पीकर लेट जाती हूं, किंतु मेरे पति चाय की खाली प्यालियां कभी नहीं उठाते। मैं ही चाय की प्यालियां उठाऊंगी। घर के काम में सहायता करना तो दूर, बच्चों के स्कूल का 'होमवर्क' करवाने में भी रुचि नहीं लेते। कई बार मन करता है, नौकरी छोड़ दूं, लेकिन इतनी महंगाई में यह संभव नहीं है।''

श्रीमती रेखा अध्यापिका हैं। वह सुबह सात बजे घर से निकलती हैं और दोपहर तीन बजे तक लौटती हैं। उनके अनुभवों में भी कटुता की झलक मिलती है, ''मेरे पति द्वारा घर के कामों में मुझे सहयोग की तो कल्पना भी नहीं कर सकते। ऊपर से कहते हैं कि मैं ऑफिस में थक जाता हूं, जबकि तुम सारा दिन कुर्सी पर बैठ कर आ जाती हो। बच्चों को पढ़ाना उनकी दृष्टि में कोई थकान वाला कार्य ही नहीं है।''

कुछ इसी तरह के अनुभव हैं श्रीमती आशा बच्चन के। वह कहती हैं, ''मेरा जॉब भी पति की नौकरी की तरह आठ घंटों का है। घर के काम को वह औरतों का काम समझते हैं। हां, घर में कभी धूल-मिट्टी को देखकर अवश्य सुना देंगे कि क्या तुम धूल-मिट्टी भी नहीं झाड़ सकती, लेकिन स्वयं काम करने की ज़हमत नहीं उठाएंगे। उन्हें रात को बिस्तर अच्छी तरह झाड़ा हुआ चाहिए। वह स्वयं नहीं झाड़ेंगे। सुबह पांच बजे से रात के ग्यारह बजे तक मैं अकेले पहिए की तरह इधर-से-उधर घूमती रहती हूं। कभी-कभी तो नौकरी अभिशाप-सी लगने लगती है। इसी के चलते पिछले तीन वर्षों से हाई ब्लडप्रेशर की समस्या रहने लगी है।''

श्रीमती गर्ग बताती हैं कि उनके पति सब्जी काट देते हैं। बच्चों का होमवर्क करवा देते हैं। कभी-कभी चाय भी बना देते हैं। इसी में वे संतुष्ट हैं।

इसके अतिरिक्त कई महिलाओं के अनुभव जानने पर यही लगा कि जिनके पति अपनी नौकरीपेशा पत्नी की घरेलू कार्यों में मदद करते हैं, उनके दांपत्य की नींव अन्यों से ज्यादा मजबूत है। जिन परिवारों में पति और पत्नी दोनों मिलकर कार्य करते हैं, जहां कोई कार्य स्त्री या पुरुष का कार्य नहीं माना जाता, उन परिवारों में वे एक-दूसरे को ज्यादा समय भी दे रहे हैं और एक-दूसरे की नजदीकी भी पा रहे हैं। खन्ना जी का परिवार मुझे इस दृष्टि से पूर्णतः आधुनिक लगा। यहां भी दोनों नौकरीपेशा हैं। खन्ना जी बताते हैं, "मैं पत्नी के कार्यों में सहयोग थोड़े ही करता हूं। हमने घरेलू कार्यों के संबंध में ऐसी कोई रेखा नहीं खींची है कि अमुक कार्य मेरी पत्नी का है या अमुक मेरा है। घर चलाना हम दोनों की जिम्मेदारी है और हम मिलकर चलाते हैं। मेरे मेहमान आएं, तो मेरी पत्नी चाय बनाती है, लेकिन जब मेरी पत्नी के मेहमान आते हैं, तो मैं चाय बना लाता हूं। इसमें शर्म की कौन-सी बात है? कई बार मेरे मित्र मजाक करते हैं, लेकिन मैं किसी की परवाह नहीं करता। यदि आप आधुनिकता की आड़ लेकर पत्नी से नौकरी करवा सकते हैं, तो घर के कार्यों से खुद परहेज करके स्वयं को रूढ़िवादी ही सिद्ध करते हैं।"

जरा विचार करके देखिए, यदि आप कार्यालय से थके हुए आते हैं, तो आपकी पत्नी को भी थकान रहती होगी। वह कोई मशीन तो है नहीं। आप छुट्टी वाले दिन भी पूरा आराम चाहते हैं, तो क्या पत्नी के लिए एक दिन भी आराम का नहीं जुटा सकते? आपका थोड़ा-सा सहयोग आपकी पत्नी में दोगुना उत्साह भर देगा, लेकिन यदि आप पत्नी से केवल अपेक्षाएं ही करेंगे, तो पत्नी को यही लगेगा कि आप उसके प्रति लापरवाह हैं। उसका ऐसा महसूस करना ही उसका हौसला तोड़ देगा और वह जीवन के प्रति उत्साह खो देगी।

यदि आप चाहते हैं कि आपकी नौकरीपेशा पत्नी हमेशा मुस्कराते हुए तरोताजा मिले और आपकी आवश्यकताओं को भी नज़रअंदाज न करे, तो आपको इस मामले में पूरी तरह आधुनिक होना पड़ेगा। आपको इस धारणा का खंडन करना पड़ेगा कि घरेलू कार्यों की केवल महिलाओं की ही जिम्मेदारी है। अपनी इस धारणा में थोड़ा परिवर्तन लाकर देखिए, सुखद परिणाम आपके समक्ष होंगे।

विभिन्न लोगों से बातचीत करने पर एक बात और भी सामने आई कि कुछ पति नौकरीपेशा पत्नी की कमाई पर अपना अधिकार समझते हैं। यह बिल्कुल ठीक है कि पति-पत्नी के बीच कुछ भी बंटा हुआ नहीं होता। तथापि यदि आप पत्नी का वेतन पकड़ने में जल्दबाजी करते हैं, तो पत्नी को अच्छा नहीं लगेगा। पत्नी को पूरा अधिकार दें कि वह अपने वेतन का प्रयोग अपनी इच्छा से कर सके।

पत्नी का कर्तव्य बनता है कि वह अपना वेतन लाकर आपको दे, तब आपका भी दायित्व है कि आप उसे पत्नी को ही लौटा दें या उसे कहीं नियोजित करने की सलाह दें। यकीन मानिए, जब भी आपको धन की जरूरत होगी, पत्नी सहर्ष आपकी सहायता करेगी।

आर्थिक दृष्टि से सक्षम आधुनिक पत्नी पति से जेबखर्च लेना पसंद नहीं करेगी। अगर आपकी दृष्टि में पत्नी अनावश्यक खर्च करती है, तो भी उससे पैसों का हिसाब-किताब पूछने के लहजे में पेश न आएं, बल्कि सलीके से अपनी पारिवारिक स्थिति सामने रखते हुए अनावश्यक खर्चों को सीमित करने की राय दें, लेकिन याद रखें, राय देने और आदेश देने में बहुत अंतर है। आधुनिक पति की यही पहचान है कि वह पत्नी को पूरे अधिकार दे। अपने व्यवहार से पत्नी को अपना बना लेने वाले पति की हमेशा जीत है, क्योंकि पत्नी का सब कुछ स्वतः ही उसका हो जाता है।

आज से कुछ अरसा पीछे लौटें, तो नारी एक सीमित दायरे में बंधी हुई थी। पारंपरिक छवि में बंधी नारी का तब भी शोषण होता था। आज भी शोषण हो रहा है। बस, फर्क इतना है कि शोषण के कारणों में अंतर आ गया है। पहले सती प्रथा, पर्दा प्रथा, दहेज जैसी विसंगतियों के माध्यम से शोषण होता था और स्त्री को मात्र संतानोत्पत्ति और गृहस्थी चलाने के लिए ही उपयोगी समझा जाता था, पर स्त्री स्वतंत्रता ने आज उसे कामकाजी महिला बना दिया, फिर भी पुरुष की मानसिकता घरेलू कार्यों में स्त्री की सहायता न करके उसे अकेले दोहरे कार्यों में पिसने के लिए छोड़ देती है। दूसरी तरफ वह स्त्री की कमाई पर अपना अधिकार जमाने की भूल करता है। यह शोषण नहीं तो और क्या है?

यहां मुझे अपनी उस मित्र की याद आती है, जो सरकारी कार्यालय में कार्यरत है। उसका पहला बच्चा होने के बाद वह दो महीने मायके में रही। सरकार द्वारा मैटर्निटी लीव मिलती है, जिसका पूरा वेतन दिया जाता है। वह मायके में थी, इसलिए वेतन भी उसके पास था। इसी बीच उसके भाई का जन्मदिन आया। उसने उसे उपहार दे दिया। कुछ रुपए अपनी इच्छा से खर्च भी कर दिए। दो माह बाद जब वह ससुराल गई, तो पति एक-एक खर्चे का हिसाब पूछने लगा। जब उसने खर्चा बता दिया, तो भाई को दिए उपहार पर भी एतराज किया गया। साथ ही नाना-नानी ने जो उपहार नवजात शिशु को दिए थे, उन्हें देखकर कह दिया, "उन्होंने क्या दिया है, यह तो मेरा पैसा मेरे ही मुंह पर मारा है।" उसकी इस ओछी सोच ने मेरी मित्र को इतना आहत किया कि उसे पति से विरक्ति होने लगी। उनके अलगाव ने आज उन्हें अदालत में तलाक हेतु खड़ा किया हुआ है। इस पढ़ी-लिखी

कामकाजी महिला और अनपढ़ घर का काम करने वाली उस बाई में क्या अंतर है, जिसका पति उसे पीटता है और उसका वेतन छीन लेता है। इस आधुनिक पति ने पत्नी पर हाथ ही तो नहीं उठाया। वह पढ़ा-लिखा है, इसलिए शब्दबाण चला कर पत्नी को घायल किया है। क्या इसे आधुनिकता कहेंगे? नहीं, यह अधूरी आधुनिकता है। नौकरीपेशा लड़की से विवाह करके आप आधुनिकता प्रदर्शित करते हैं, वहीं दूसरी ओर पुराणपंथियों की तरह उसे 'डोमिनेट' करने की जुगत भिड़ाते रहते हैं।

आधुनिक युग में समानता और सहअस्तित्व का परिचय देते हुए ही आप गृहस्थ जीवन में सफलता प्राप्त कर सकते हैं।

निश्चय : मैं आज से ही अपनी पत्नी का हृदय से सहयोगी बनने का निश्चय करता हूं।

अफसर पत्नी से ईर्ष्या न करें

यदि किसी पत्नी का पति अफ़सर बन जाए, तो पत्नी के पांव जमीन पर नहीं टिकते। वह सबको अपने पति की उन्नति के विषय में बड़ी शान से बताती है। पत्नी की प्रसन्नता को देखकर ऐसा लगता है, मानो पति ने नहीं, बल्कि स्वयं पत्नी ने प्रमोशन पाया हो, लेकिन यदि पत्नी अफ़सर बन जाए तो....! आइए, देखें आधुनिक पति की प्रतिक्रिया।

वर्तमान प्रगतिशील समाज में शहरी जीवन बड़ी तेज गति से चल रहा है। आधुनिक शहरी परिवार एकल परिवारों में बदल रहे हैं। इनमें पति-पत्नी दोनों नौकरीपेशा हैं। पत्नी का नौकरीपेशा होना आधुनिकता की निशानी हो सकती है, लेकिन पत्नी पर दोहरे कार्य का बोझ भी पड़ रहा है। दूसरी ओर परिवार की खुशहाली के लिए दंपती का नौकरी करना आवश्यक भी है। इसलिए जब हम मॉडर्न लाइफ स्टाइल की बात करते हैं, तो उसमें अधिकांशतः नौकरीपेशा पति-पत्नी की ही तस्वीर उभरती है।

पूर्णतः आधुनिक जीवन शैली अपनाने की इच्छा रखने वाला एक युवक नौकरीपेशा पत्नी की ही आकांक्षा रखता है, ताकि उसकी पत्नी भी परिवार की आधुनिक जरूरतें पूरी करने में उसकी मदद करे। नौकरीपेशा पत्नी पाकर आधुनिक युवक फूला नहीं समाता। कई बार स्थिति दुखद हो जाती है, जब पत्नी की पदोन्नति हो जाए और उसका वेतन पति के वेतन से अधिक हो। ऐसे में पुरुष के अहं को चोट लगनी प्रारंभ हो जाती है। आहत पुरुष कई बार अपनी सुयोग्य अफ़सर पत्नी पर नाहक ही बरस पड़ता है। यदि कभी किसी बात पर पति-पत्नी में तकरार हो जाए, तो पति सर्वप्रथम वार इन्हीं शब्दों से करता है, "अब तो तुम अफ़सर हो गई हो, इसलिए मुझ पर रोब झाड़ती हो। अपनी यह अफसरी अपने कार्यालय में छोड़कर आया करो।" या "मैं तुम्हारा पति हूं, तुम्हारे दफ्तर का चपरासी नहीं। थोड़ा तमीज से बात करो।" ऐसे में पत्नी जो अपनी पदोन्नति से पूर्व भी पति से यूं ही नोक-झोंक करती थी, अपना-सा मुंह लेकर बैठ जाती है। उसे अपनी उन्नति पर जिस

आत्मविश्वास की प्राप्ति होती है, वह भी गिरने लगता है और पदोन्नति की खुशी काफूर होने लगती है। अगर आप भी अपनी पत्नी से ऐसा व्यवहार करते हैं, तो समझिए कि आपकी सारी आधुनिकता धराशायी हो रही है। ऐसी मानसिकता संकीर्ण कहलाती है।

आधुनिक युग में स्त्री-पुरुष दोनों ही शिक्षा ग्रहण करने के लिए एक समान जोश और परिश्रम करते हैं। दोनों का उद्देश्य अच्छी से अच्छी नौकरी पाकर अपने जीवन स्तर को ऊंचा उठाना होता है। दोनों ही समाज में अपनी पहचान बनाने की इच्छा रखते हैं। आधुनिक समाज में दोनों को ही कुछ पाने के लिए प्रतिस्पर्धा का सामना करना पड़ता है। इस तरह लड़का हो या लड़की, दोनों ही समान महत्वाकांक्षा रखते हैं, लेकिन जब यही महत्वाकांक्षा पति-पत्नी में टकराव की स्थिति पैदा कर देती है, तो स्थिति शोचनीय हो जाती है। महत्वाकांक्षाओं का टकराव जब दांपत्य जीवन में तनाव पैदा करने लगे, तो विचार करें कि कहीं पति-पत्नी के मध्य प्रतिद्वंद्विता की भावना तो नहीं पनप रही! यदि पति-पत्नी में ही प्रतिद्वंद्विता है, तो तनाव की स्थिति से बचा नहीं जा सकता, क्योंकि ऐसी भावना भले कितनी ही स्वस्थ क्यों न हो, धीरे-धीरे उसमें ईर्ष्या-भाव पनपने ही लगता है और यह ईर्ष्या-भाव प्रतिद्वंद्वी बना देता है। जहां प्रतिद्वंद्वी भावना आ जाती है, वहां स्वयं को एक-दूसरे से श्रेष्ठ सिद्ध करने के भाव पैदा हो जाते हैं और यहीं से शुरू होती है टांग खिंचाऊ प्रवृत्ति, जो पति-पत्नी को एक-दूसरे से दूर कर देती है। देखा जाए, तो संसार का सबसे नजदीकी रिश्ता पति-पत्नी का ही होता है, लेकिन यदि इस रिश्ते में तनाव पैदा हो जाए, तो आपसी दूरियां बढ़ने लगती हैं। आगे बढ़ने की भावना अच्छी बात है, लेकिन पति-पत्नी में एक-दूसरे से आगे बढ़ने की होड़ दोनों में एक-दूसरे से अलगाव का कारण बन जाती है।

कई लोग कहते हैं कि महत्वाकांक्षी व्यक्ति कभी सुखी नहीं रहते, लेकिन मैं इस धारणा को पूर्णतः ठीक नहीं मानती। यदि आप कुछ पाना चाहते हैं, तो महत्वाकांक्षी बनना ही पड़ेगा। मन की प्रबल इच्छा ही महत्वाकांक्षा बन जाती है। इसलिए पति-पत्नी की अपनी-अपनी इच्छाएं एवं महत्वाकांक्षाएं हो सकती हैं। एक-दूसरे की महत्वाकांक्षाओं की पूर्ति में सहायक बनकर ही अपने जीवन-स्तर को ऊंचा उठाया जा सकता है।

सोचिए, पत्नी ने यदि पदोन्नति की है, तो इससे आपका स्टेटस भी बढ़ा है। उसकी उन्नति में आपका पूर्ण सहयोग है। आपने उसे पढ़ने के लिए समय दिया। उसकी उन्नति के लिए हार्दिक शुभकामनाएं दीं, प्रार्थना की। अब उसकी इसी उन्नति से ईर्ष्याभाव क्यों? मेरी एक मित्र, मित्र तो नहीं कह सकते, जानकार ही कहेंगे, अपने अनुभव बताती हुई कहती है, "शादी के समय मैं और मेरे पति दोनों उच्च

श्रेणी के लिपिक थे। दोनों को समान वेतन मिलता था। दो साल बाद हमारे कार्यालय में लेखा अधिकारी का पद खाली हुआ। मैंने भी आवेदन किया। मेरे पति एकाउंट्स में स्नातकोत्तर हैं, जबकि मैंने केवल स्नातक तक ही एकाउंट्स पढ़ा है। मेरे पति ने रात-दिन मेरे साथ मेहनत की। मुझे पूरी तरह गाइड किया। मेरा उस पद के लिए चयन हो गया। मेरी इस पदोन्नति का पूर्ण श्रेय मेरे पति को जाता है और मेरी उन्नति की सर्वाधिक प्रसन्नता भी उन्हीं को हुई थी, लेकिन धीरे-धीरे उनकी यह प्रसन्नता चिड़चिड़ाहट में बदलने लगी। इससे पूर्व भी हमारी नोक-झोंक होती थी, लेकिन उस नोक-झोंक में मिठास होती थी। अब भी जब वैसी ही किसी बात पर मेरी ओर से नोक-झोंक होती है, तो वह मुझे मेरे अधिकारी होने का ताना देते हैं। पता नहीं यह क्यों नहीं समझते कि पदोन्नति के बाद मेरी जिम्मेदारियां भी बढ़ गई हैं और ऊपर से मुझे उनकी संकुचित मानसिकता का सामना करना पड़ता है। काश, मेरी पदोन्नति के बजाए मेरे पति की पदोन्नति हुई होती। क्या आप ऐसे पति को आधुनिक कह सकते हैं? नहीं, यह आधुनिकता अधूरी है, एकतरफा है। एक तरफ आप आधुनिक होकर पत्नी की पदोन्नति चाहते हैं, क्योंकि पत्नी के वेतन बढ़ने पर आपकी आर्थिक स्थिति पर सकारात्मक प्रभाव पड़ता है, किंतु वहीं आप पत्नी को मिलने वाले सम्मान से ईर्ष्या करते हैं, क्योंकि पत्नी की उन्नति के सामने आप स्वयं को बौना महसूस करने लगते हैं।

ऐसा कोई पति-पत्नी नहीं है, जिनमें आपसी नोक-झोंक न हो। कभी पति के क्रोध करने पर पत्नी शांत हो जाती है और कभी पत्नी के गुस्से के आगे पति घुटने टेक देता है, लेकिन यदि पत्नी की पदोन्नति के बाद पति रूठी पत्नी को मनाने के बजाए ताना दे कि ऐसा व्यवहार वह अपनी पदोन्नति के घमंड में कर रही है, तो यह उसकी ईर्ष्यालु मनोवृत्ति को ही दर्शाता है।

कई बार ऐसा भी देखने में आता है कि किसी व्यक्ति की पत्नी यदि पदोन्नति पाती है, तो पति के मित्र उसे मुबारकबाद देने के बजाए उकसाना प्रारंभ कर देते हैं, जैसे, ''अब तो भइया बीवी से डर कर रहना पड़ेगा'' या ''अब घर का काम तुम संभाल लो, क्योंकि बीवी धौंस नहीं सहेगी''। यदि आपका कोई मित्र आपकी पत्नी की पदोन्नति पर ऐसी टिप्पणी करता है, तो उसे नज़रअंदाज कर दें, अन्यथा आप अपनी पत्नी के साथ सामान्य व्यवहार नहीं कर पाएंगे और आप अपने दांपत्य की मधुरता खो बैठेंगे।

कई बार पति से ऊंचा ओहदा प्राप्त करके पत्नियों में भी अहं भाव आ जाता है। वे अपने अफ़सर सहयोगियों को अपने लिपिक पति का परिचय करवाने से भी झिझकने लगती हैं, किंतु ऐसी पत्नियों को भी स्मरण रखना चाहिए कि उन्होंने

पति के व्यक्तित्व और व्यवहार से प्रेम किया था, केवल उसके पद से नहीं। आपका पति आपका जीवनसाथी है, आपके सुख-दुख का साझीदार है। आज आप जिस व्यक्ति के आगे अपने पति को हीन समझ रही हैं, उस व्यक्ति से आपका कोई रिश्ता नहीं। यदि आप तकलीफ में हैं, तो उस व्यक्ति को उतना दर्द नहीं होगा, जितना आपके पति को। फिर यदि पति की पदोन्नति से पत्नी का सम्मान बढ़ता है, तो पत्नी की पदोन्नति से भी पति का कद ऊंचा ही होना चाहिए।

निश्चय : मैं पत्नी की उपलब्धियों पर प्रसन्नता ही ज़ाहिर नहीं करूंगा, बल्कि खुले दिल से उसकी सार्वजनिक तारीफ़ करके उसका मनोबल भी बढ़ाऊंगा।

पत्नी की बड़ी उम्र पर न जाएं

नए जमाने की नई समस्याएं। किसी जमाने में पत्नी का पति से बड़ा होने की कल्पना भी नहीं करते थे, लेकिन आधुनिक युग में कई जोड़े मिलेंगे, जहां पत्नी पति से उम्र में बड़ी होती है। कहीं आपके समक्ष भी ऐसी स्थिति तो नहीं?

मेरे दूर के रिश्ते के भाई को एक लड़की से प्रेम हो गया। मेरे इस भाई की कपड़े की दुकान है। यह लड़की अकसर उससे खरीदारी करने आती थी। वह सूरत ही नहीं, सीरत की भी धनी थी। दोनों का प्रेम संबंध दो वर्ष तक चला। एक दिन इस लड़की ने भाई से उसकी जन्मकुंडली मांगी, तो आयु देखकर वह थोड़ा सुकचा गई, क्योंकि मेरा भाई उससे एक वर्ष छोटा था। उसने स्पष्ट कह दिया कि वह उससे आयु में एक वर्ष बड़ी है। पहले तो मेरे भाई को अटपटा लगा, लेकिन फिर उसने उम्र को नज़रअंदाज करते हुए कहा, "प्रेम में यदि एक वर्ष कम आयु बाधा नहीं बन पाई, तो विवाह में क्या अड़चन है?" हालांकि परिवार में सभी ने इस विवाह का विरोध करते हुए कहा, "लड़कियों की क्या कमी है, जो बड़ी उम्र की लड़की से विवाह कर रहे हो?" लेकिन इन दोनों प्रेमियों के प्रेम के आगे परिवार वालों को झुकना ही पड़ा। आज इनके विवाह को तीन वर्ष हो चुके हैं और ये सफल दंपतियों में गिने जाते हैं।

यह ठीक है कि भारतीय मान्यताओं के अनुसार पति की आयु पत्नी से बड़ी ही होनी चाहिए। पति की आयु बड़ी रखे जाने के कई कारण हैं। इनमें से एक कारण स्त्रियों का संतान को जन्म देना होता है। संतानोत्पति के कारण उनका शरीर पुरुषों की अपेक्षा जल्दी ढलने लगता है। इसलिए पत्नी आयु में बड़ी होगी, तो वह जल्दी ही पति से बड़ी नज़र आने लगेगी। दूसरे भारतीय समाज प्रारंभ से ही पुरुष प्रधान रहा है। इसमें पत्नी बड़ी होने पर पुरुष के अहं को चोट लगती है, फिर समाज में घर का मुखिया भी पति ही माना जाता है। मुखिया का आयु में बड़ा होना भी स्वाभाविक है, लेकिन आधुनिक समाज में धारणाएं बदल रही हैं। यहां मात्र आयु

और चेहरा देखकर ही विवाह नहीं किया जाता, बल्कि लड़की की तकनीकी शिक्षा को भी ध्यान में रखा जाता है। एक डॉक्टर लड़का, डॉक्टर पत्नी की ही अपेक्षा करता है, फिर अगर डॉक्टर पत्नी आयु में एक-दो वर्ष बड़ी भी हो, तो विवाह में बाधा नहीं आती। वे युवक-युवतियां जो प्रेम-पाश में बंधकर विवाह का निश्चय करते हैं, इस तर्क को नहीं मानते कि लड़कियां संतानोत्पति के कारण जल्दी ढल जाती हैं। वे स्पष्ट कहते हैं कि पहले युवतियां सात-आठ संतानों को जन्म देती थीं, इसलिए उनका शरीर जल्दी शिथिल पड़ जाता था। आज एक या दो संतानें ही होती हैं, इसलिए यह तर्क कोई ज्यादा वजनदार नहीं लगता।

कई बार युवक विवाह तो अपने से बड़ी आयु की लड़की से कर लेते हैं, लेकिन बाद में मित्रों और परिवार वालों के कटाक्षों से खीजने लगते हैं और पत्नी से सहज संबंध नहीं बना पाते। कभी-कभी सिर्फ इसी कारण स्थिति तलाक तक पहुंच जाती है। देखा जाए तो पत्नी का एक-दो वर्ष पति से बड़ी आयु का होना कोई विशेष मुद्दा नहीं होना चाहिए। यदि आपके विचार मिलते हैं और आप एक-दूसरे की भावनाओं को अच्छी तरह समझते हैं, तो कोई कारण नहीं कि आयु आपके प्रेम में बाधा बने। इस मुद्दे पर तो विवाह से पूर्व सोचने का आपको पूरा अधिकार दिया गया था। अब विवाह हो जाने के बाद इस छोटी-सी बात के लिए तनावग्रस्त होना उचित नहीं। याद रखें, जो मित्र या परिवारजन आप पर कटाक्ष करते हैं, जब देखेंगे कि उनके कटाक्ष आप पर कोई प्रभाव नहीं छोड़ते, तो वे ऐसा करना स्वतः बंद कर देंगे।

आधुनिक दौर जिस द्रुत गति से चल रहा है, उसमें पता नहीं कब किसी से मुलाकात हो जाए और कोई अपना-सा लगने लगे, उसके विचार प्रभावित करने लगें और महसूस हो कि उसके साथ उम्र-भर का साथ निभाया जा सकता है, लेकिन जब आप उसके साथ सपनों का महल सजाने लग जाएं, तभी आपको पता चले कि वह आपसे साल-छः माह बड़ी है, तो मात्र इतनी बात से ही अपने सपनों के महल को साकार होने से न रोकें, बल्कि आधुनिक सोच अपनाते हुए जीवनसाथी का चुनाव बेझिझक करें।

निश्चय : मेरी पत्नी उम्र में मुझसे बड़ी है, इसमें हीनता बोध कैसा। मेरी पत्नी मेरी जीवन संगिनी है। मुझे भी जीवन-भर किसी भी कीमत पर उसका साथ देना है।

परस्पर टकराव को टालें

मेरी एक करीबी मित्र विवाह के बाद दूसरे शहर चली गई। लगभग एक वर्ष बाद मेरा उससे मिलना हुआ। उसका विवाह एक आधुनिक परिवार में हुआ है, जहां जेठ-जेठानी और सास-ससुर भी नौकरीपेशा हैं। वह स्वयं भी नौकरीपेशा है। पति का अपना कारोबार है। सामान्यतः देखने पर सब कुछ सामान्य-सा लगता है, लेकिन मुझे दुख हुआ कि मेरी मित्र का दांपत्य जीवन तनावग्रस्त है। कारण मात्र इतना ही निकला कि उसके पति केवल कार और मोबाइल का प्रयोग करने में ही आधुनिकता समझते हैं। उनकी सोच आज भी रूढ़िवादी है। वह पत्नी को समानता की दृष्टि से नहीं देखते, बल्कि वे पत्नी पर शासन करना चाहते हैं। यदि पत्नी की भावनाओं का सम्मान करें, तो शासन कर सकते हैं, लेकिन वह तो तानाशाही राज चाहते हैं। आज के युग में तानाशाही तौर-तरीकों से शासन नहीं किया जा सकता। इसके लिए उन्हें आधुनिक परिवेश के अनुसार अपनी सोच बदलनी होगी। अगर वे चाहते हैं कि पत्नी उनको 'स्वामी' समझे, तो उन्हें भी पत्नी को 'देवी' का दर्जा देना ही होगा।

दो व्यक्ति जो एक-दूसरे को बिल्कुल नहीं जानते, न एक-दूसरे की आदतों से परिचित हैं और न ही व्यवहार से, वे विवाह के सूत्र में बंधते ही एक-दूसरे के सुख-दुख का साथी हो जाने का संकल्प ले लेते हैं और भारतीय परंपराओं के तहत संकल्प को आयु-भर निभाते भी हैं, लेकिन कई बार परिस्थितियां ऐसी बन जाती हैं कि संकल्प को निभाने के बजाए उन्हें ढोना पड़ता है, जब दोनों का अहं आपस में टकराता है। आधुनिक युग में पति-पत्नी समान दर्जे के अधिकारी हैं। जब पति का पुरुष अहं उग्र रूप ले लेता है, तो स्थिति डांवांडोल होने लगती है। आज पति पत्नी से जिस सम्मान की अपेक्षा करता है, पत्नी भी वैसे ही सम्मान की इच्छा रखती है। आधुनिक स्त्री जीवन के प्रत्येक क्षेत्र में अपनी उपस्थिति दर्ज कराने लगी है। वह स्वतंत्र निर्णय लेने की क्षमता रखती है। पढ़ी-लिखी है, घर-परिवार की जिम्मेदारियां समझती है, इसलिए परिवार के अहम फैसलों में उसकी राय को नज़रअंदाज नहीं किया जाना चाहिए।

पति द्वारा पत्नी के मायके की निंदा या पत्नी द्वारा अपने ससुराल की बुराई पति-पत्नी के रिश्ते में दरार का कारण बन जाती है। यदि पति पत्नी के मायके वालों का सम्मान नहीं करता, तो पत्नी के हृदय को जबरदस्त आघात पहुंचता है। पत्नी इस आघात को लंबे समय तक नहीं भुला पाती। यदि संयुक्त परिवार में रहते हैं और पति जाने-अनजाने पत्नी के मायके वालों को हीन सिद्ध करने का प्रयास करे, तो पत्नी के लिए यह असहनीय हो जाता है।

यदि पत्नी का मायका अमीर है और वह अपने गरीब ससुराल वालों पर ताने कसती है, तो पति को गुस्सा आना स्वाभाविक है। पत्नी यदि पति के माता-पिता की आदतों की आलोचना करती है, तो भी पति को अच्छा नहीं लगेगा। यदि पत्नी पति के रिश्तेदारों को नज़रअंदाज करती है, तब भी पति को बुरा लगेगा। यदि पत्नी पति के माता-पिता को धमकी भरे लहजे में बोलती है, तब तो पति की सहनशक्ति ही जवाब दे जाएगी। ठीक इसी तरह यदि पति पत्नी के माता-पिता, भाई-बहन, रिश्तेदार या मित्र को अपशब्द कहता है, तो पत्नी के मन को ठेस अवश्य पहुंचेगी। यदि आप चाहते हैं कि पत्नी आपके माता-पिता का सम्मान करे, तो आपका कर्तव्य है कि आप भी पत्नी के माता-पिता को उतना ही सम्मान दें। पत्नी मात्र इसलिए आपके माता-पिता की सेवा नहीं करेगी कि उसे आपके घर में रहना है। आधुनिक पत्नियां तो आर्थिक दृष्टि से भी पतियों पर निर्भर नहीं रहतीं, फिर वे क्यों किसी से दबकर रहेंगी।

पति-पत्नी को हमेशा एक बात याद रखना चाहिए कि पारिवारिक मुद्दों को कभी बाहर न ले जाएं। मुझे एक सिंधी परिवार की याद आती है। पत्नी स्वभाव की बड़ी शांत थी। कोई कुछ कह दे, तो जवाब नहीं देती थी। उसकी हार्दिक इच्छा थी कि परिवार में शांति बनी रहे। पति आए दिन उसके मायके वालों पर छींटाकशी करते रहते थे। एक दिन किसी पारिवारिक मुद्दे को लेकर पत्नी के मामा को फैसले के लिए बुला लिया गया। पत्नी को मन-ही-मन क्रोध तो आया कि उसकी शिकायतों का पुलिंदा उसके मायके की रिश्तेदारी में क्यों खोला जा रहा है, परंतु फिर भी वह शांत बनी रही। दूसरी बार जब उसकी शिकायतें उसके मामा से की गईं, तो उसने भी फैसला सुना दिया, ''अगली बार यदि आपने इस तरह की अदालत लगाई, तो मैं भी आपके मामा-ताया को बुलाऊंगी।'' देखा जाए तो रिश्तेदारों के बीच बातें, फैलाकर हम उनकी दृष्टि में छोटे ही होते हैं। लड़की के मामा या चाचा को बुलाकर यदि लड़के वाले शिकायतों का पुलिंदा खोलते हैं, तो न चाहते हुए भी लड़की को भी अपना पक्ष रखने के लिए ससुराल की कमियां बतानी पड़ेंगी। ऐसे में निश्चित रूप से लड़की के ससुराल पक्ष की निंदा लड़की के माध्यम से ही हो जाएगी, इसलिए बेहतर हो कि आपसी मामले को आपस में ही सुलझा लिया जाए।

जहां हम पति-पत्नी के मध्य तनाव की चर्चा कर रहे हैं, वहीं एक और परिवार की कहानी याद आती है। यह एक संयुक्त परिवार है। इस परिवार में तान्या शादी करके छोटी बहू के रूप में आई। अपने परिवार में वह सबसे बड़ी थी। उनके यहां यह पहली शादी थी। उसके भाई-बहनों को जीजा और माता-पिता के मन में दामाद को लेकर बहुत अरमान थे। वे तान्या और उसके पति को बड़े आग्रह से अपने यहां बुलाते, लेकिन तान्या के पति को वहां जाना कुछ विशेष अच्छा न लगता, क्योंकि उसने मन-ही-मन यह धारणा बना रखी थी कि दामाद का ससुराल में अधिक जाना इज्जत कम कर देता है। लड़के के माता-पिता भी इस बात के समर्थक थे कि बेटा ससुराल में ज्यादा समय न रुके। इसका परिणाम यह हुआ कि तान्या अंदर से घुटी-घुटी रहने लगी। शुरू-शुरू में उसके माता-पिता, भाई-बहन जंवाई राजा का इंतजार करते-करते थक जाते और वह आकर आधे घंटे में ही भोजन करके चलते बनते। न बैठते, न बात करते। इस तरह वह अपने ससुराल से वैसा प्रेम न पा सके, जो सहज ही पा सकते थे। यह बिल्कुल सत्य है कि अधिक आना-जाना इज्जत कम कर देता है। वह चाहे दामाद हो या कोई अन्य मेहमान, लेकिन किसी के प्रेम को ठुकरा कर भी इज्जत नहीं कमाई जा सकती। ससुराल में रोज-रोज जाना ठीक नहीं, लेकिन जब जाएं, दामाद बनकर नहीं, बेटा बनकर जाएं और सबका मन मोहने का प्रयास करें। तभी पत्नी भी बहू नहीं, बेटी बनने का प्रयास करेगी। नए दामाद का चाव प्रारंभ में होता ही है, फिर सभी सामान्य हो जाता है। साले-सालियों को जीजा से बातें करने, उसके साथ घूमने-फिरने का अरमान होता है। यदि आप उनके अरमानों पर पानी फेरते हैं, तो निश्चित रूप से पत्नी भी आपसे सामान्य संबंध कभी स्थापित नहीं कर पाएगी।

आप पत्नी से अपेक्षा करते हैं कि वह आपके भाई या बहन के जन्मदिन पर अपनी इच्छा से कोई तोहफा लेकर आए, तो ऐसे में यदि पत्नी भी अपने भाई-बहनों से आपसे ऐसे ही व्यवहार की आकांक्षा रखे, तो उसे दोष कैसे दिया जा सकता है! विवाह होते ही रिश्ते-नाते खत्म नहीं हो जाते। यदि आप पत्नी से यह कहते हैं कि मायके वालों से दूरी बनाकर रखो, तो पत्नी को आपके शब्द अच्छे नहीं लगेंगे। भले ही इसमें सच्चाई है कि शादी के बाद लड़की को अपने मायके और ससुराल के बीच एक सीमा रखनी चाहिए, लेकिन यह भी सत्य है कि कोई भी पौधा जब एक भूमि से उखाड़ कर दूसरी में रोपा जाता है, तो जड़ से उखाड़ते समय कुछ मिट्टी साथ रखी जाती है। लड़की शादी के बाद नए परिवेश में जाती है। वह भी अपने साथ पुराने रिश्तों के रूप में मिट्टी की महक साथ लाती है। यदि आप वह मिट्टी भी झाड़ने की कोशिश करेंगे, तो पौधा पनपने से पूर्व ही सूखना प्रारंभ कर देगा।

वह युग गया, जब लड़के वाले लड़की वालों पर रोब जमाते थे। आज की पढ़ी-लिखी लड़की पति से अपने मायके वालों का उतना ही सम्मान चाहती है, जितना पति अपने माता-पिता के लिए चाहता है।

हालांकि हम जिस आधुनिकता की बात कर रहे हैं, संभवतः उसमें यह सब बातें विषय से हटकर प्रतीत हो रही हों, किंतु ये समस्याएं भी आधुनिक परिवेश की ही हैं। आधुनिक पति-पत्नी के अपने-अपने दायरे होते हैं। उनकी अपनी समस्याएं हैं। वे समस्याएं पारिवारिक भी हैं और सामाजिक भी। दोनों ही इन समस्याओं से तनावग्रस्त होते हैं। यदि वे चाहें, तो मित्र बनकर एक-दूसरे की समस्याओं का समाधान कर सकते हैं, लेकिन बात फिर वहीं आ जाती है कि मित्रता तो बराबर वालों में होती है। एक-दूसरे को मित्र बनाकर देखिए, जीवन का मजा ही आ जाएगा।

आधुनिक दंपतियों में तनाव का एक कारण आपसी संवाद की कमी भी है। पति-पत्नी आपस में कुछ भी बातें करें, वह परस्पर संवाद नहीं कहलाएगा। एक-दूसरे के साथ संवाद वह है, जिससे दोनों एक-दूसरे के विचारों से परिचित हों, मनोभावों को जानें और उनकी कद्र करना सीखें। आपसी संवाद वही सफल होता है, जो केवल उन दोनों के बीच ही रहे। यदि पति-पत्नी दिन-भर एक-दूसरे से बातें करते रहें, लेकिन दिल की बात इसलिए न करें कि उन्हें भय रहे कि उनका साथी उस बात को सार्वजनिक करने में देर नहीं लगाएगा, तो उनका संवाद कोई अर्थ नहीं रखता। मीनू अपने पति रवि से खूब बतियाती है, लेकिन अपने दिल की बात कभी नहीं कह पाती। संयुक्त परिवार में रहने वाली मीनू पति की इस आदत से हमेशा भयभीत रहती है कि वह उसकी कही बात अपने माता-पिता को ही नहीं, बल्कि अपने भाई और भाभी को भी बता देगा। परिणामतः मीनू ने अपने दिल की बातें पति से साझा करने के बजाए अपनी एक पड़ोसन सहेली से करनी प्रारंभ कर दी। पड़ोसन ने भी उसकी बातों का नाजायज फायदा उठाना शुरू कर दिया। इस पूरी स्थिति में सब मीनू को दोष देंगे कि अपने घर की बात बाहर क्यों निकाली, लेकिन अगर गहराई से चिंतन किया जाए, तो इसमें बहुत अधिक दोष मीनू के पति का है, जिसने पत्नी की बातों को अपने तक सीमित न रखकर उसका विश्वासपात्र बनने का प्रयास नहीं किया। यदि वही पत्नी का मित्र बन जाता, तो पत्नी को किसी बाहरी मित्र की आवश्यकता ही नहीं पड़ती। आखिर इस मनोविज्ञान को तो झुठलाया नहीं जा सकता कि कोई भी व्यक्ति अपने दिल की बात दूसरे से साझा करके स्वयं को हलका महसूस करता है। अगर मीनू किसी से भी बात नहीं करती, तो तनावग्रस्त रहती है और अगर किसी सहेली से बात करती भी है, तो इसका भय

रहता है कि कहीं सहेली उसकी बातों का अनुचित लाभ न उठा ले। बेहतर हो यदि पति-पत्नी ही एक-दूसरे के राजदार बनने की कोशिश करें।

कई बार जब पति-पत्नी के आपसी मामलों में तीसरा हस्तक्षेप करता है, तब भी स्थिति बिगड़ जाती है। देखा जाए तो तीसरा व्यक्ति तभी हस्तक्षेप करता है, जब उसे आभास हो जाता है कि पति-पत्नी में आपसी मतभेद हैं। तीसरा व्यक्ति चाहे पति का संबंधी हो या पत्नी का, अकसर आपके मामले को सुलझाने के बजाए तूल ही देगा और उसकी दृष्टि में आपका सम्मान कम हो जाएगा। ऐसा कौनसा युगल है, जिसमें कभी विवाद न हुआ हो! लेकिन विवाद को जितना अधिक विस्तार देंगे, वह उतना ही उलझ जाएगा। इसलिए बेहतर है कि आपसी विवाद को शयन-कक्ष से बाहर न जाने दिया जाए, अन्यथा लोग तमाशा देखेंगे और अपना मनोरंजन करेंगे। पति-पत्नी में गहरा रिश्ता तभी कायम हो सकता है, जब दोनों एक-दूसरे की रुचियों को सम्मान दें और उन्नति में सहयोगी बनें।

कई बार बहुत छोटी-सी बात भी पति-पत्नी के मध्य तनाव का कारण बन जाती है। इस संदर्भ में मुझे अपनी एक डॉक्टर मित्र निरुपमा बतरा की याद आती है। इनसे मेरी दोस्ती शिमला में हुई थी। इनके पति पेशे से वकील हैं। डॉ. निरुपमा ने मुझे बताया कि उनको अपने पति अमित आहूजा के साथ इस बात को लेकर तनाव रहता है कि विवाह के बाद निरुपमा ने अपने नाम के साथ अपनी पुरानी कास्ट 'बतरा' छोड़कर 'आहूजा' लिखना क्यों नहीं शुरू किया, जबकि निरुपमा अपने पति को अच्छी तरह समझा चुकी है कि उसकी प्रैक्टिस इसी नाम से चल रही है। दूसरे कई पत्र-पत्रिकाओं में वह स्वास्थ्य संबंधी कॉलम भी इसी नाम से लिखती है। लोग उसे निरुपमा बतरा के नाम से ही पहचानते हैं। इतना नाम कमाने के बाद उसे बदल कर वह लोगों को भ्रमित नहीं करना चाहती। उसके बैंक के खाते भी इसी नाम से चल रहे हैं, लेकिन अमित आहूजा अकसर इस बात को अन्यथा लेते हैं। देखा जाए तो नाम में क्या रखा है? पुराने जमाने में तो लोग लड़की की शादी के बाद नाम तक बदल देते थे। जैसे-जैसे समाज बदला, उसके रीति-रिवाज भी बदले और लड़की के नाम में परिवर्तन करना छोड़ दिया गया। अब समाज फिर नई करवट ले रहा है। आधुनिक स्त्री का अपना अस्तित्व है। वह अपनी पहचान बना रही है। डॉक्टर, पत्रकार या संगीतकार पत्नी संभव है, शादी से पूर्व काफी प्रसिद्धि पा चुकी हो या पाने के लिए पूरी तरह प्रयत्नरत हो। ऐसे में उसका नाम उसकी पहचान बनता है। संभव है कि वह शादी के बाद अपने नाम के साथ अपने पति की 'कास्ट' न लगाकर शादी से पूर्व की 'कास्ट' ही लगाना पसंद करे, तो इसमें पति को एतराज नहीं करना चाहिए। आप आधुनिक समाज में जी रहे हैं। यदि आधुनिक पत्नी चाहते हैं, तो आधुनिक विचार

भी अपनाइए। नाम बदलने के संदर्भ में मुझे पंजाबी की प्रसिद्ध लेखिका अमृता प्रीतम की एक कविता की पंक्तियां याद आती हैं– 'नांवा विच की धरिया ऐ, दिल्ली ने तां दिल्ली ही रेणा ऐ'– अर्थात् नामों में क्या रखा है, दिल्ली का नाम बदल कर कुछ भी कर दिया जाए, दिल्ली तो दिल्ली ही रहेगी। ठीक ही तो है, आपकी पत्नी अपने नाम के साथ कुछ भी लिखे, आखिर रहेगी तो वह आपकी पत्नी ही। नाम बदलने से उसके विचार या गुण तो नहीं बदल जाएंगे।

आधुनिक कहे जाने वाले परिवारों में जब पढ़ी-लिखी पत्नी पति को उसके नाम से संबोधित करती है, तो आधुनिक पति को तो कोई एतराज नहीं होता, मगर पुराने विचारों वाले माता-पिता इस बात को लेकर आपत्ति उठाना शुरू कर देते हैं। कई बार यह छोटी-सी बात भी बड़ी कलह का कारण बन जाती है। देखा जाए तो नाम लेने का अर्थ यह नहीं कि पत्नी पति का सम्मान नहीं करती। पति-पत्नी दोनों गाड़ी के दो पहिए हैं। यदि दोनों एक-दूसरे को सम्मान देते हैं, दोनों के विचारों का अच्छा तालमेल है, तो ऐसी समस्या उठनी ही नहीं चाहिए। आजकल की लड़कियां कॉलेज जाती हैं, जहां हमउम्र लड़के भी उनके सहपाठी और अच्छे दोस्त होते हैं। वह अपने पति में भी एक अच्छा मित्र तलाशती है। वह ज़माना नहीं रहा कि पत्नी पति का नाम अपनी ज़बान पर ही नहीं लाती थी, तो वह समय भी बीत चुका है, जब पत्नी पति के लिए 'अजी सुनते हो' या 'मुन्नू के पापा' आदि संबोधन लगाती थी। आधुनिक बनना चाहते हैं, तो बदलते जमाने के अनुसार स्वयं को बदलिए और दांपत्य जीवन में छोटी-छोटी बातों को नज़रअंदाज करके तनावमुक्त रहने का प्रयास करें।

निश्चय : हम पति-पत्नी दृढ़ निश्चय करते हैं कि आज से छोटी-छोटी बातों को तूल देकर अपने दांपत्य जीवन में कड़वाहट नहीं लाएंगे।

बुजुर्गों के साथ समायोजन करें

एक समय में घर के बुजुर्ग सर्वेसर्वा होते थे। उनकी इच्छा के बिना कोई निर्णय नहीं लिया जाता था। किसी बात का विरोध करने का पारिवारिक सदस्य में साहस नहीं होता था, लेकिन आधुनिक युग की नई पीढ़ी बुजुर्गों के उस दबदबे को स्वीकार नहीं करती, क्योंकि उनकी आधुनिक सोच बुजुर्गों की पारंपरिक सोच का खंडन करने में जरा भी संकोच नहीं करती। ऐसे में आपसी समायोजन और तालमेल का रास्ता ही शेष बचता है।

वर्तमान दौर में बुजुर्ग यथोचित सम्मान से वंचित रह जाते हैं। अपनी ही संतान घर के मालिक को घर से बाहर वृद्धाश्रम में पहुंचा आती है। कल तक जो संतान आज्ञाकारी थी, सामने ज़बान नहीं खोलती थी, आज तिरस्कार करने से भी नहीं चूकती। आखिर ऐसा क्यों होता है? क्या इसे आधुनिक युग की त्रासदी कहेंगे? क्या आधुनिकता के मोहपाश में जकड़ी नई पीढ़ी हर पुरानी वस्तु को नापसंद करती है, भले ही वे घर का बुजुर्ग ही क्यों न हो? इसका कारण आधुनिक शिक्षा है। वर्तमान शिक्षा नैतिक मूल्यों की शिक्षा नहीं देती। आज की शिक्षा क्लर्क से लेकर इंजीनियर बनाने पर जोर देती है, अच्छे नागरिक बनाने पर नहीं। न्यूकिलियस परिवार यानी एकल परिवार को भी इसका कारण मान सकते हैं। एकल परिवारों में माता-पिता के पास समयाभाव रहता है। वे संयुक्त परिवारों में दादा-दादी की तरह कहानियों के माध्यम से बच्चों को नैतिक मूल्य नहीं सिखा पाते। दूसरे, कई परिवारों में जब बुजुर्ग अपनी पुरानी सोच को अपने आधुनिक बच्चों पर थोपने का प्रयास करते हैं, तो वे उनकी खीझ का शिकार बनते हैं। बुजुर्ग अपनी आउटडेटेड विचारधारा को छोड़ने को तैयार नहीं होते और अपनी संतान से भी उसी विचारधारा के अनुसार व्यवहार की अपेक्षा करते हैं, तो उनके बीच तनाव पैदा होने लगता है। संबंधों के इस तनाव का अंत अलगाव में होते देर नहीं लगती।

आधुनिक दौर तेज़ रफ़्तार का ज़माना है। बुजुर्ग यदि अपनी धीमी विचारधारा से नई पीढ़ी की संतान के मार्ग में अवरोधक सिद्ध होते हैं, तो यह पीढ़ी उन्हें बर्दाश्त

नहीं कर पाती। इसे चाहे आधुनिक युग के युवाओं के नैतिक मूल्यों का क्षय कहें या कोई अन्य संज्ञा दें, समस्या तो समस्या है। अगर मैं नई पीढ़ी से कहती हूं कि पूरी तरह पुरानी पीढ़ी की बातें मानो, तो स्वयं कई बार वृद्धों की दकियानूस सोच से खिन्न हो जाती हूं। दूसरी ओर यदि मैं बुजुर्गों से कहती हूं कि आप पूरी तरह बदल जाएं, तो यह भी संभव नहीं है। बुजुर्ग अब तक इतने वर्ष जिस सामाजिक परिवेश में रहे हैं, उसी के अनुसार उनकी विचारधारा संचालित हुई है। अब वर्षों तक वे जिस सोच के समर्थक रहे हैं, उससे एकाएक बाहर नहीं आ सकते। इसलिए दोनों पीढ़ियों को आपस में सामंजस्य स्थापित करने का प्रयास करना चाहिए। इसी संदर्भ में मैंने कई परिवारों से बातचीत की और इस निष्कर्ष पर पहुंची–

बजुर्गों से बातचीत

- अपने बच्चों को बड़ा होने दें। उन पर जिम्मेदारियां डालें। सामाजिक लेन-देन में उन्हें स्वयं निर्णय लेने के लिए प्रेरित करें। ऐसा न सोचें कि ऐसा करने से आपके परिवार में आपकी अहमियत कम हो जाएगी।
- सदैव रोक-टोक न करें। आपकी दृष्टि में आपका पुत्र तब भी बच्चा ही रहेगा, जब वह पिता बन चुका होगा। यदि अब भी आप उससे एक बच्चे की तरह व्यवहार करेंगे, तो उसे अच्छा नहीं लगेगा।
- आपको सरकार ने रिटायर कर दिया, किंतु यदि अब भी आप घर के खजांची बने हुए हैं, तो ग़लती पर हैं।
- यदि आपके पुत्र या बहू की दृष्टि में आपका अतिरिक्त लाड़-प्यार पोता-पोती को बिगाड़ रहा है, तो आप अपने व्यवहार का मूल्यांकन करें। यह ठीक है कि 'मूल से ब्याज प्यारा' होता है, लेकिन ध्यान रहे, कहीं यह प्यार आपको अपने पुत्र से ही दूर न करने लगे।
- यह अपेक्षा न करें कि घर के हर छोटे-बड़े निर्णय आपसे पूछ कर ही लिए जाएं।
- बिना मांगे हर कार्य में सदैव सलाह न देते रहें, अन्यथा आपकी स्थिति उस उपदेशक जैसी बन जाएगी, जिसके उपदेश का किसी पर कोई असर नहीं होता।
- यदि आप पुत्र के पिता हैं, तो बहू के सामने 'लड़के वाले' होने का अभिमान न पालें। जमाना बदल चुका है। इसलिए यदि कभी संबंधियों से मिलें या उनके घर जाएं, तो उनके व्यवहार की मीन-मेख निकालने से बचें।

- आपके लिए अपने दोनों पुत्र समान हैं, लेकिन एक पुत्र के घर की बात दूसरे पुत्र से न करें।
- आधुनिक परिवारों में जहां महिलाएं भी कामकाजी हैं, वहां उनसे यह अपेक्षा न करें कि वे आपके समय की महिलाओं की तरह गृह-कार्य में उतनी ही दक्ष होंगी।
- अतिरिक्त समय में घर के हलके-फुलके कार्य करके उनकी सहायता करें, लेकिन इसके लिए बार-बार बच्चों पर एहसान न जताएं।
- जब आपके बच्चे आपको अपने मित्रों से मिलवाएं, तो शिष्टाचारवश उनका कुशलक्षेम पूछकर दूसरे कमरे में चले जाएं। उनकी बातों में रस लेते हुए वहीं बैठने की ग़लती न करें।

नई पीढ़ी से बातचीत

- माना कि आपको बुजुर्गों की कई आदतें पसंद नहीं। इसके लिए उनका तिरस्कार न करें। वर्षों की आदतें इतनी पक चुकी होती हैं कि उन्हें छोड़ना आसान नहीं होता।
- परिवार संबंधी महत्वपूर्ण निर्णय लेते समय बुजुर्गों की राय लेना न भूलें। इसके दो लाभ होंगे। एक तो आपको उनके वर्षों के अनुभवों से लाभ होगा, दूसरे बुजुर्गों को भी इस बात की खुशी होगी कि आप उन्हें यथोचित सम्मान दे रहे हैं।
- आप नौकरीपेशा हैं, इसलिए अपने बच्चों को संभालने की सारी जिम्मेदारी बुजुर्गों पर न डालें, उन्हें भी अपने लिए समय चाहिए। आप अपनी जिम्मेदारियों को स्वयं संभालें।
- अगर बुजुर्ग कोई नसीहत दें, तो उनकी गहराई तक जाने का प्रयास करें। उनकी सलाह को नज़रअंदाज न करें।
- बुजुर्गों को कुछ समय जरूर दें। उनके साथ बैठकर प्रेम पूर्वक बातचीत करें। इससे आप उनके अनुभवों से कुछ सीखेंगे भी और आपके बुजुर्गों को भी अच्छा लगेगा।
- बुजुर्गों द्वारा की गई किसी भी प्रकार की सहायता के लिए उनका धन्यवाद करें। याद रखें, आपके बुजुर्गों ने अपनी जिम्मेदारियां बखूबी वहन की हैं। अब घर को चलाना आपकी जिम्मेदारी है।

- घर आए मेहमानों से बुजुर्गों का परिचय जरूर करवाएं। मन में यह भाव न लाएं कि आपको बुजुर्ग आउटडेटेड लगते हैं। उन्होंने अच्छे कपड़े नहीं पहन रखे या बालों में कंघी नहीं की अथवा वे गांव की बोली बोलते हैं, इस तरह की सोच को हावी न होने दें। बुजुर्ग ऐसे ही होते हैं।

सबसे बड़ी बात यह कि अपने बुजुर्गों को नए चाल-चलन, तौर-तरीकों और बोल-चाल से परिचित कराएं, पर उन पर यह सब थोपें नहीं, फिर देखें पीढ़ियों का संघर्ष अपने आप टल जाएगा।

वचनबद्धता–

बुजुर्ग : **मैं वचन देता हूं कि छोटे-छोटे पारिवारिक मसलों पर बिना मांगे अपनी राय नहीं थोपूंगा, बल्कि नई पीढ़ी को पूरी स्वतंत्रता दूंगा।**

नई पीढ़ी : **हम वचन देते हैं कि हम बुजुर्गों को पूरा सम्मान देंगे और उनके अनुभवों से लाभ प्राप्त करने के पूरे प्रयास करेंगे।**

ईर्ष्या भाव से बचकर चलें

चाहे हम किसी भी युग के इतिहास को देख लें, किसी भी जाति या देश के व्यक्ति का मूल्यांकन कर लें, ईर्ष्या भाव से पूर्णतः मुक्त कोई व्यक्ति नहीं मिलेगा, लेकिन आधुनिक जीवन शैली ने ईर्ष्या भाव की पुष्टि ही की है। हालांकि हम सब जानते हैं कि ईर्ष्या करने से कुछ हासिल नहीं होने वाला, तथापि ईर्ष्या करके हम स्वयं को तनावग्रस्त कर लेते हैं। ईर्ष्या भाव से पूर्णतः मुक्त तो नहीं हुआ जा सकता, फिर भी इससे बचने के कुछ प्रयास तो कर ही सकते हैं।

आप आधुनिक समाज में आधुनिक जीवन-शैली अपना कर सुखी होने की जो कल्पना कर रहे हैं, वह तभी साकार हो सकती है, जब आप आधुनिक जीवन शैली में उत्पन्न होने वाली विभिन्न समस्याओं से मुक्ति पाने के भी प्रयास करें। वर्तमान जीवन शैली में सभी समस्याओं को दो वर्गों में बांटा जा सकता है। एक वर्ग में वे समस्याएं आती हैं, जो हमारे द्वारा पैदा की गई हैं और दूसरी श्रेणी में हम उन समस्याओं को रख सकते हैं, जो दूसरों के द्वारा पैदा की जाती हैं। समस्या चाहे कैसी भी हो, उसका सीधा संबंध हमारी विचारधारा, हमारे सोचने के ढंग से होता है।

आधुनिक चकाचौंध से भरे जीवन में दूसरों से आगे निकलने की होड़ कई समस्याओं को लेकर आती है। एक ओर जहां दूसरों से आगे निकलने की स्वस्थ प्रतिस्पर्धा प्रेरणा देती है, वहीं अधिकांशतः यह होड़ ईर्ष्या के भाव भी पैदा कर देती है। कई बार देखने में आया है कि व्यक्ति दूसरे से आगे निकलने के लिए स्वयं कदम बढ़ाने के बजाए दूसरों की टांग खींचने का प्रयास करने लगता है। ऐसे भाव तनाव पैदा कर देते हैं और व्यक्ति की स्वयं की उन्नति पर प्रश्नचिह्न लग जाता है। इस प्रकार आगे बढ़ने की अंधी होड़ प्रतिस्पर्धा के भाव पैदा करती है। अस्वस्थ प्रतिस्पर्धा ही प्रतिद्वंद्विता होती है, जो ईर्ष्या का कारण बनती है और ईर्ष्या तनाव को जन्म देती है। ईर्ष्या भाव से उपजा यह तनाव भी आधुनिक सोच और जीवन शैली का ही

परिणाम है। ऐसा नहीं है कि पहले समय में ईर्ष्या भाव नहीं था। ईर्ष्या तो हर युग के हर व्यक्ति में जन्म लेते ही पैदा हो जाती है। एक बच्चा तीन वर्ष का है, तभी उसका छोटा भाई या बहन पैदा होती है और माता-पिता जब उस छोटे बच्चे को प्रेम करते हैं, तो उस दो-तीन वर्ष के बड़े बच्चे में छोटे के प्रति ईर्ष्या भाव पैदा हो जाता है। इसलिए ईर्ष्या तो एक मानवीय संवेग है, जो स्वाभाविक भी है, लेकिन अति ईर्ष्या दुख और तनाव का कारण बन जाती है। आज की जीवन शैली ऐसी है कि व्यक्ति इस भाव से कभी मुक्त ही नहीं हो पाता। ऐसा नहीं है कि ईर्ष्यायुक्त तनाव से मुक्ति नहीं पाई जा सकती। फर्क सिर्फ इतना है कि हम मुक्त होने का प्रयास ही नहीं करते। हम इस सत्य को नज़रअंदाज कर देते हैं कि ईर्ष्याजनित तनाव हमारी कार्यशैली पर विपरीत प्रभाव ही नहीं डालता, बल्कि हमारी उर्जा को भी क्षीण करता है। अतः प्रयास करें इस तनाव से शीघ्र मुक्ति पाने का–

- हमारी आदत है कि हम उतना अपने विषय में नहीं सोचते, जितना दूसरों के बारे में सोचते हैं। इस आदत को बदलिए। दूसरे ने कितनी उन्नति की, इसका इतना ही प्रभाव होना चाहिए कि आप इससे प्रेरणा लें।
- किसी भी जानकार व्यक्ति की सफलता पर उसे हार्दिक बधाई देना न भूलें।
- सदैव याद रखें कि सफलता का कोई शार्टकट नहीं होता। जितने भी सफल व्यक्ति हैं, उनकी सफलता के पीछे उनका श्रम है। भले ही उनका श्रम आपको आज नज़र नहीं आ रहा हो।
- व्यंगात्मक भाषा का प्रयोग करने से बचें।
- टांग खींचने की कोशिश न करें। इस संदर्भ में मुझे एक चुटकुला याद आता है, जिसे हम बचपन में सुना करते थे। एक बार एक लैब में शिक्षक विद्यार्थियों को पढ़ा रहा था। उस लैब में तीन जार थे। उन जारों में मेढक भरे हुए थे। उनमें से दो जारों के मुंह कपड़े से बंद किए गए थे और एक जार खुला ही रखा गया था। यह देखकर एक विद्यार्थी ने शिक्षक से पूछा, "सर, इन दोनों जारों का मुंह कपड़े से क्यों बंद किया गया है?" शिक्षक ने उत्तर दिया, "ताकि मेढक कूद कर जार से बाहर न आ जाएं। ये विदेशी मेढकों के जार हैं।" विद्यार्थी ने पुनः पूछा, "तो सर, यह तीसरे जार को यूं खुला क्यों छोड़ दिया?" शिक्षक ने हंसते हुए कहा, "बेटा, यह भारतीय मेढकों का जार है। इन्हें बंद करने की जरूरत नहीं। ये मेढक बाहर नहीं आ सकते, क्योंकि जैसे ही एक मेढक बाहर निकलने के लिए उछलेगा, दूसरा उसकी टांग खींच लेगा।"

यह तो एक चुटकुला है, जिसे बच्चे सुनकर हंसा करते हैं, लेकिन यह चुटकुला हमारी ईर्ष्यालु प्रवृत्ति की ओर इंगित करता है। हमारी स्थिति तीसरे जार वाले मेढक की बनकर रह गई है। हम अपनी उन्नति के लिए इतने प्रयासरत नहीं हैं, जितनी दूसरे की अवनति के लिए कोशिशें करने लगते हैं। कितनी संकीर्ण सोच है यह! इससे ऊपर उठने का प्रयास करें।

मुझे बचपन की एक और बात याद आती है। हमारे गणित के अध्यापक कक्षा में आने वाले प्रत्येक नए विद्यार्थी से एक पहेली पूछा करते थे। वह ब्लैकबोर्ड पर एक रेखा खींचते और पूछते, "बताओ, बिना इस रेखा को मिटाए इसे छोटा कैसे करेंगे?" पुराने विद्यार्थी तो इसका उत्तर जानते थे, लेकिन नए विद्यार्थी अकसर सोच में पड़ जाते। तब हमारे अध्यापक अपने चिरपरिचित अंदाज में उस रेखा के नीचे एक बड़ी रेखा खींचकर कहते, "लो, हो गई रेखा छोटी।" और हम सब विद्यार्थी हंस पड़ते थे। कितना सरल तरीका है रेखा को छोटा करने का। इसे हम अपने व्यावहारिक जीवन में भी उतार सकते हैं। यदि आपके मन में किसी के प्रति ईर्ष्या भाव जगे, तो उसे हानि पहुंचाने की कोशिश न करें, बल्कि उससे तटस्थ रहकर स्वयं को ऊंचा उठाने के प्रयास प्रारंभ कर दें। इससे वह स्वतः ही आपसे छोटा हो जाएगा।

मन में ईर्ष्या भाव पैदा होते हैं, तो व्यक्ति को पता चल जाता है। जब आपको आभास हो कि आप किसी से ईर्ष्या कर रहे हैं, तो तुरंत स्वयं पर नियंत्रण लगाएं। याद रखें, ईर्ष्या करने वाला व्यक्ति बुद्धि से अंधा हो जाता है। वह विवेकहीन होकर अपना ही नुकसान कर बैठता है। इस संदर्भ में मुझे पुनः एक पौराणिक कथा याद आती है, जिसे हमारे गांव के पंडित जी अपने प्रवचनों में सुनाया करते थे। एक बार एक व्यक्ति की भक्ति से प्रसन्न होकर दुर्गा मां ने उससे वरदान मांगने को कहा, तो उसने सर्वकामनापूर्ति का वरदान मांगा। दुर्गा मां ने वरदान तो दे दिया, साथ ही यह भी कहा, "तुम जो भी कामना करोगे, वह पूरी हो जाएगी, किंतु तुम जो भी मांगोगे तुम्हारे पड़ोसी को इससे दोगुना मिलेगा।" वह व्यक्ति जो भी कामना करता, उसे मिल जाता, लेकिन उसके पड़ोसी को इससे दोगुना मिल जाता। वह मन-ही-मन पड़ोसी के ऐश्वर्य से ईर्ष्या करने लगा। उसने ईर्ष्या वश ईश्वर से मांगा कि वह एक आंख से अंधा हो जाए। उसकी कामना पूरी हो गई। उसने देखा, उसका पड़ोसी दोनों आंखों से अंधा हो गया। उसे बड़ी प्रसन्नता हुई। उसने सोचा कि मेरा काम तो एक टांग से भी चल जाएगा, पड़ोसी की दोनों टांगें चली जाएं, तो आनंद आ जाए। उसने अपनी एक टांग टूटने की कामना कर ली। इस तरह वह पड़ोसी का बुरा करने के लिए स्वयं का ही नुकसान करने लगा।

इस गल्प में कितना सत्य है, मैं नहीं जानती, लेकिन हम वास्तव में जीवन में ऐसा ही व्यवहार करते हैं। इसी संदर्भ में मुझे अपनी एक मित्र की याद आती है। वह बताया करती थी कि उसने एक बार परीक्षा में अपनी उत्तर-पुस्तिका पर किसी प्रश्न का ग़लत उत्तर इसलिए लिख दिया, क्योंकि उसकी सहपाठी उसकी नकल कर रही थी। उसने सोचा कि बाद में वह सही उत्तर लिख देगी, लेकिन लिखते-लिखते समय सीमा ही समाप्त हो गई और उसे वह उत्तर ठीक करने का अवसर नहीं मिला। फिर भी उसे इस बात का इतना दुख नहीं हुआ कि वह सही उत्तर जानते हुए भी ग़लत लिख आई, बल्कि इस बात की प्रसन्नता थी कि उसने अपनी सहपाठी का पेपर खराब करवा दिया। यह ईर्ष्या का ही परिणाम है कि जिससे ईर्ष्या की जाए, उसको उतना नुकसान नहीं होता, जितनी हानि ईर्ष्या करने वाले को उठानी पड़ती है, क्योंकि ईर्ष्या मस्तिष्क में तनाव पैदा करती है और यह ईर्ष्याजनित तनाव मानवीय व्यवहार में असंतुलन पैदा करके उसे विवेकहीन बना देता है।

आधुनिक युग में अधिक ईर्ष्या भाव का कारण स्वयं को दूसरों से श्रेष्ठ साबित करने की होड़ है। मुझे खुशी होगी, यदि आप स्वयं को दूसरों से अच्छा साबित करने के लिए प्रयासरत होंगे, लेकिन याद रहे, इसके लिए स्वयं को ऊंचा उठाना है, न कि दूसरों की टांग खींचकर उन्हें नीचे गिराना।

प्रतिज्ञा : हम प्रतिज्ञा करते हैं कि अभी से ईर्ष्या भाव त्याग देंगे और दूसरों की टांग खींचने के बजाए स्वयं कदम आगे बढ़ाने का प्रयास करेंगे।

अंधी दौड़ से बचें

क्या आप मशीनी जीवन जीते हुए खुश हैं? नहीं, आप खुश नहीं हो सकते, क्योंकि आप मशीन नहीं हैं, क्योंकि आप संवेदनशील इनसान हैं। आपका हृदय है, भावनाएं हैं। सुख-दुख को आप महसूस करते हैं, तब आपने इस अंधी दौड़ में शामिल होकर स्वयं को एक मशीन क्यों समझ लिया?

इस आधुनिक युग में प्रत्येक व्यक्ति दौड़ रहा है। लगातार दौड़ रहा है। ऐसा लगता है, मानो दौड़ ही नियति बन गई हो। जो नहीं दौड़ रहा, वह अलग-थलग, निष्क्रिय-सा दिख रहा है। प्रतीत होता है, मानो उसका जीवन रुक-सा गया हो। वह दौड़ नहीं रहा या दौड़ नहीं सकता, इस बात की हीनता के बोध की झलक उसके चेहरे पर स्पष्ट दिखाई देती है। जो दौड़ेगा नहीं, वह पीछे रह जाएगा, लेकिन जो अंधाधुंध दौड़ेगा, उसकी ठोकर खाकर गिरने की संभावना हमेशा बनी रहेगी। निश्चित रूप से दौड़ना तो जरूरी है, लेकिन यह अंधी दौड़ नहीं होनी चाहिए।

पाश्चात्य संस्कृति से प्रभावित युवा शीघ्रातिशीघ्र अपनी मंजिल पा लेने के लिए लालायित है, लेकिन उसे यह नहीं पता कि उसकी मंजिल कौनसी है। ऐसे युवा मंजिल की ओर दौड़ते तो हैं, लेकिन उनकी यह दौड़ लक्ष्यहीन साबित होती है। इस अंतहीन दौड़ में वे अपने परिवार से भी टूटने लगते हैं, क्योंकि स्वतंत्रता चाहते हैं। अगर पारिवारिक सदस्य उनकी विवेकहीन दौड़ पर अंकुश लगाते हैं, तो उन्हें सहन नहीं होता। वे जिसे स्वतंत्रता का नाम देते हैं, धीरे-धीरे वह स्वच्छंदता में बदलने लगती है। स्वच्छंद व्यक्ति के व्यवहार में बेहद लापरवाही झलकने लगती है। लापरवाह जीवन और लक्ष्यहीन दौड़ व्यक्ति के पतन का कारण बन जाती है।

कम समय में बहुत अधिक पाने की ललक ही व्यक्ति को अंधाधुंध भागने के लिए विवश करती है, लेकिन इस अंधी दौड़ में हासिल कुछ भी नहीं हो पाता। जो उपलब्ध होता है, उसके लिए व्यक्ति इतनी कीमत अदा कर बैठता है, जो उस उपलब्धि के लिए बहुत अधिक होती है।

अच्छी नौकरी पाने के लिए अच्छी डिग्री हासिल करना, नौकरी मिल जाने पर तरक्की पाने के लिए दिन-रात परिश्रम करना अंधी दौड़ नहीं है। उन्नति पाने के लिए इतना तो करना ही पड़ता है, लेकिन एक उन्नति पाने के बाद दूसरी उन्नति, तीसरी उन्नति, चौथी उन्नति...! इस तरह तो जीवन का एकमात्र ध्येय उन्नति पाना ही बन जाए और इसी में व्यक्ति सुध-बुध खोने लगे और संवेदनहीन बन जाए, तो उसे अंधी दौड़ ही कहेंगे। जहां संवेदनहीनता आ जाए, समझिए व्यक्ति जीवन जी नहीं रहा, बल्कि व्यतीत कर रहा है। ऐसे में व्यक्ति को स्व-मूल्यांकन करना चाहिए।

आधुनिक युग भौतिकवादी है। अधिकांश व्यक्ति भौतिक सुखों की ओर भाग रहे हैं। वे भौतिक उपलब्धियां हासिल भी कर लेते हैं, लेकिन उन भौतिक संसाधनों को पाने के लिए उनकी दिनचर्या इतनी व्यस्त हो जाती है कि उन उपलब्धियों से मिलने वाला सुख उठाने का समय ही नहीं मिल पाता। विचार करें कि ऐसी उपलब्धियों का, जब इतने परिश्रम से हासिल किए गए संसाधनों का सुख उठाने का भी समय प्राप्त न हो, तो व्यक्ति का तनावग्रस्त होना स्वाभाविक है। इस तरह यदि हम कहें कि अंधी दौड़ से तनाव पैदा होता है, तो कुछ ग़लत न होगा। आइए कुछ दृश्यों का मूल्यांकन करें–

दृश्य 1: एक व्यक्ति कपड़े का व्यापारी है। वह अपने व्यापार को बढ़ाने के लिए दिन-रात परिश्रम करता है। आज उसकी गिनती सफल व्यापारियों में है। उसकी कपड़ों की दो मिलें हैं। सैकड़ों वर्कर उसके अधीनस्थ कार्यरत हैं। उसके पास समय का हमेशा अभाव रहता है, किंतु फिर भी वह तीसरी कपड़ा मिल खोलना चाहता है। घर-परिवार के लिए पहले ही उसके पास समय नहीं। उसे किसी मित्र के खुशी या गम के अवसर पर जाने का भी अवकाश नहीं। इसकी ज़िम्मेदारी उसने अपनी पत्नी पर डाली हुई है। रात-दिन वह हिसाब-किताब में डूबा रहता है। रात को ठीक से नींद नहीं आती। वह नींद की गोली खाकर सोता है। अगर आधी रात को नींद टूटती है, तो पुनः नींद नहीं आती और वह सफल व्यापारी अपनी फैक्ट्री के कागजात खोलकर बैठ जाता है।

दृश्य 2: एक विद्यार्थी है। वह दिन-रात परिश्रम करता है। उसका एकमात्र लक्ष्य अधिक अंक लेना है। वह हमेशा अपनी कक्षा में प्रथम आता है। एक या दो अंक कम आने से अगर वह द्वितीय स्थान हासिल करता है, तो उसे तनाव हो जाता है। उस पर निराशा छाने लगती है। उसके पास न तो खेलने का समय है और न ही कोर्स की किताबों के अलावा अन्य किसी विषय को पढ़ने में रुचि है।

दृश्य 3: एक महिला कार्यालय में कार्यरत है। उस पर घर-परिवार की पूरी जिम्मेदारी है। सुबह आठ बजे से सायं छः बजे तक घर से बाहर रहती है। शेष समय जो घर में बिताती है, वह घरेलू कार्यों में बीत जाता है। छुट्टी वाले दिन भी उसे घरेलू कार्यों से फुर्सत नहीं मिलती। कभी छोटी-मोटी बीमारी हो, तो भी मेडिकल छुट्टी नहीं लेती, क्योंकि छुट्टियां उस समय के लिए बचाकर रखना चाहती है, जब उसे छुट्टी की अति आवश्यकता हो।

अब इन तीनों दृश्यों का मूल्यांकन करें। पहले दृश्य में व्यापारी अंधी दौड़ में शामिल है। वह यह नहीं जानता कि धन सुख प्राप्त करने के लिए कमाया जाता है। वह सुखों की आहुति देकर धन कमा रहा है। उसके पास अपनी पत्नी और बच्चों के लिए भी समय नहीं है। इसमें हैरानी वाली कोई बात नहीं होगी, यदि उसका धन उसके बच्चों को दिग्भ्रमित कर दे। इससे बच्चों के बिगड़ने की संभावना बढ़ जाती है। कारण यह कि बच्चों को पिता का सान्निध्य और मार्गदर्शन नहीं मिल पाता।

दूसरे यह व्यक्ति बच्चों को खुला जेब खर्च देगा, क्योंकि यह स्वयं तो भौतिक सुखों का भोग नहीं कर रहा, इसलिए यह अपने बच्चों को पूर्णतः अभावहीन रखकर ही खुशी प्राप्त करने की सोचेगा। बच्चे धन के महत्व को न समझकर फिजूलखर्ची करके दूसरों पर अपना प्रभाव जमाएंगे और ग्लैमर-भरी जिंदगी की ओर आकर्षित हो जाएंगे। उधर इस कपड़ा व्यापारी का स्वास्थ्य दिन पर दिन गिरता जा रहा है। संभव है, जब इसे आभास हो कि इसके बच्चे भी ग़लत दिशा में जा रहे हैं, तो इसका अस्वस्थ शरीर इस बात को सह न सके और इसे एक दिन दिल का दौरा पड़ जाए।

विचार करें, क्या लाभ है इस अंधी दौड़ का, जिसमें सब कुछ पाकर भी कुछ न मिले? ऐसे व्यक्ति खुशी के कुछ क्षण पूरी दौलत से भी नहीं ख़रीद पाते। इस संदर्भ में मुझे एक लोक-कथा याद आती है। समुद्र के किनारे आराम से लेटे हुए व्यक्ति को देखकर एक राहगीर उससे कहता है, "मैं तुम्हें दो घंटों से यहां समुद्र के किनारे धूप में लेटे देख रहा हूं। बेहतर होता यदि तुम इन दो घंटों को धन कमाने में लगाते, तो तुम्हारी आर्थिक स्थिति सुधरती।" इस व्यक्ति ने कहा, "फिर क्या होता?" राहगीर ने कहा, "आज तुम्हारी दुकान है। कल तुम शोरूम के मालिक हो सकते हो।" इस व्यक्ति ने फिर उसी सरलता से पूछा, "फिर क्या होता?" राहगीर ने समझाते हुए कहा, "फिर क्या भाई, तुम लगातार मेहनत करो, तो तुम्हारी अपनी फैक्ट्री हो सकती है।" इस आदमी ने फिर उसी लहजे में कहा, "फिर क्या होगा?" राहगीर बोला, "फिर तुम्हारे अधीन सैकड़ों लोग काम करेंगे

और तुम आराम से समुद्र के किनारे बैठ कर आनंद लेना।'' इस आदमी ने हंसते हुए कहा, ''आप इतना कुछ करने के बाद जिस आनंद लेने की बात कर रहे हैं, वह आनंद तो मैं अभी ले रहा हूं।'' हम लोग अकसर यही करते हैं। अंधी दौड़ में इस आशा से शामिल हो जाते हैं कि इस बिंदु तक पहुंच कर खुशी अनुभव करेंगे, लेकिन जब वहां पहुंच जाते हैं, तो एक नया बिंदु तय कर लेते हैं। उक्त व्यापारी की भी यही स्थिति है। वह अधिक सुखी होने के लिए लगातार दौड़ रहा है। दौड़ते-दौड़ते थक जाता है, लेकिन दौड़ना नहीं छोड़ता। थकान से नींद खत्म हो रही है, लेकिन दौड़ खत्म नहीं होती। इसे ही कहते हैं अंधी दौड़।

दूसरा दृश्य उस विद्यार्थी का है, जिसने स्वयं को अपने आस-पास के वातावरण से काटकर मात्र अपने पाठ्यक्रम को ही अपना सर्वस्व मान लिया है। ऐसे विद्यार्थी भी अंधाधुंध दौड़ते हैं। उन्हें ठीक-ठीक मंजिल का भी बोध नहीं होता। अंक कम आने पर निराश, ज्यादा कम आने पर अवसाद ग्रस्त हो जाते हैं और छोटी-सी असफलता पर आत्महत्या तक का कदम उठा लेते हैं। इस विद्यार्थी की दौड़ सार्थक हो जाती, यदि वह अपने मानसिक विकास का भी ध्यान रखता, लेकिन यह अधूरी शिक्षा उसे मात्र दौड़ने के लिए प्रेरित करती है। ऐसे विद्यार्थियों की स्थिति उस यात्री के समान है, जिसे यात्रा करने की आदत बन गई हो और वह भूल गया हो कि उसे जाना कहां है? किताबी कीड़े बनकर जिंदगी की जंग नहीं जीती जा सकती।

तीसरा दृश्य कामकाजी महिला का है, जो बीमार होने पर भी छुट्टी नहीं लेती। यह महिला आज छुट्टियां बचाएगी, नौकरी करके पैसे कमाएगी, अधिक काम करते हुए जब अस्वस्थ हो जाएगी और सामर्थ्य जवाब दे देगा, तब नौकरी से ही छुट्टी हो जाएगी और कमाया धन डॉक्टर को दे आएगी। यह है मशीनी जीवन। क्या लाभ ऐसे मशीनी जीवन का? यह ठीक है कि आधुनिक जीवन शैली में व्यस्तता बढ़ गई है, किंतु जीवन में इतना भी व्यस्त नहीं होना चाहिए कि स्वयं के लिए भी समय न निकाल सकें। एक बात गांठ बांध लेना कि 'जान है, तो जहान है'। दूसरे कि हम संवेदनशील इनसान हैं, हंसना, खेलना, रोना सब जरूरी है। जीवन को मशीनी बनाकर सुखी नहीं हुआ जा सकता। हमारे जीवन का एक ही उद्देश्य होना चाहिए, सुखी होना। सुख अंधी दौड़ या मशीनी जीवन से हासिल नहीं हो सकता।

आधुनिक युग की दौड़ में थका हुआ और तनावग्रस्त इनसान कई बार जीवन से निराश होने लगता है। अपनी दिनचर्या पर गौर करें। रोज एक सी मशीनी दिनचर्या को थोड़ा बदलें। खिलते हुए फूलों को देखें। चहकते हुए पक्षियों को सुनें। प्रकृति के मधुर उपहारों को महसूस करें। हवा के शांत झोंकों के बीच आप अपना तनाव समाप्त होता हुआ पाएंगे।

कुछ समय पूर्व अपने अति व्यस्त क्षणों में मैं भी स्वयं को थका-थका महसूस कर रही थी। स्वयं को तनावमुक्त करने के लिए मैं पास के ही सार्वजनिक पार्क में चली गई। पतझड़ का मौसम था। पेड़ पत्ते छोड़ रहे थे। पेड़ों के नीचे बहुत से पत्ते पड़े हुए थे। उस दिन पास के ही गांव के बच्चे वहां खेलने आए हुए थे। वे पत्तों की ढेरियां बना रहे थे। जब सभी ने अपनी-अपनी ढेरी बना ली, तो एक-दूसरे पर पत्ते फेंककर हंसने लगे। मैं सब कुछ भूलकर उनमें शामिल हो गई और पत्ते उठाकर उन पर फेंकने लगी। उन्होंने सहज ही मुझे भी अपने खेल में शामिल कर लिया। केवल 10 मिनट मैंने उनके साथ व्यतीत किए। 10 मिनट बाद मैंने स्वयं को बहुत हलका महसूस किया।

अपने व्यक्तिगत अनुभवों के आधार पर इतना ही कहूंगी कि जब दौड़ते-दौड़ते थक जाएं, तो रुककर आराम कर लें। सदा के लिए रुक जाने से हानि होती है। रुक-रुककर चलने से तो आनंद मिलता है। जिस तरह नदी का रुका हुआ जल सड़ने लगता है, उसी प्रकार नदी में आई उफनती हुई बाढ़ भी हानि पहुंचाती है। मंजिल संतुलित चाल चलने से ही मिलती है।

प्रतिज्ञा : हम प्रतिज्ञा करते हैं कि हम अपने जीवन को दौड़ का मैदान नहीं समझेंगे, बल्कि इस सोच को कायम करेंगे कि जिस जीवन में प्रसन्नता, सहजता और आनन्द नहीं, वह जीवन अधूरा है।

नया सोचें, बढ़िया बोलें

आधुनिक दौर में प्रत्येक व्यक्ति अपनी अलग पहचान बनाने का इच्छुक है। अपना अस्तित्व कायम करने में हम कहां तक सफल होते हैं, यह हमारे प्रयासों पर निर्भर करता है, लेकिन इस सत्य को झुठलाया नहीं जा सकता कि यदि प्रयास सच्चे दिल से किए गए हों, तो सफलता में कोई दोराय नहीं रहती।

मुझे याद आता है कि एक हिन्दी फिल्म में हीरो को गांववासी दिखाया गया था और वह शहरी हीरोइन को प्रभावित करने के लिए शहरी वस्त्र पैंट, कोट, हैट, टाई पहन कर उसके समक्ष जाता है। हालांकि वह शहरी वस्त्र पहन लेता है, लेकिन उसके हाव-भाव और बोलचाल के ढंग से स्पष्ट पता चलता है कि वह अनपढ़ गांववासी है। तब हीरोइन उसे कहती है, "यदि तुम गूंगे होते, तो कोई भी लड़की तुम पर मर मिटती।" हम सब ऐसे फिल्मी दृश्य देखकर बहुत प्रसन्न होते हैं, लेकिन वास्तविक जीवन में स्वयं ऐसा ही व्यवहार करते हैं। हम आधुनिक बनने के लिए वेषभूषा और भाषा की नकल तो कर लेते हैं, लेकिन हमारा व्यवहार और सलीका हमारी पोल खोल देता है। हमें आभास भी नहीं होता कि हम जिनकी नकल करके स्वयं को सर्वोच्च समझ रहे थे, वे हमारे ऐसे आचरण पर हंस रहे हैं।

पाश्चात्य किस्म का अंधानुकरण करके हम स्वयं की स्थिति उस कौए की तरह बना लेते हैं, जो हंस की चाल से प्रभावित होकर उसकी चाल चलने लगा और अपनी चाल भी भूल गया। अंधानुकरण से हम न तो पूरी तरह विदेशी संस्कृति अपना पाते हैं और न ही अपनी संस्कृति की छाप हमारे आचरण से झलकती है। देखा जाए तो इस आधुनिक युग में व्यक्ति की अपनी अलग पहचान ही उसे आधुनिक घोषित कर देती है।

विचार करें, हम नए फैशन के वस्त्र क्यों पहनते हैं? हम क्यों चाहते हैं कि जैसे डिजाइन के वस्त्र हमने पहने हों, दूसरों के पास उस डिजाइन के वस्त्र न हों? हम

अपने जूतों का डिजाइन भी सबसे अलग चाहते हैं। यहां तक कि आधुनिक माता-पिता अपने बच्चों के भी ऐसे नए नाम रखना चाहते हैं, जो ज्यादा प्रचलित न हों। ये सब बातें इस ओर इंगित करती हैं कि हम दूसरों से अलग दिखना चाहते हैं। हम अपनी एक पहचान बनाना चाहते हैं। अपनी आधुनिक छवि बनाने के लिए हमें नई सोच को अपनाना होगा। पुरानी दकियानूसी मान्यताओं को तोड़ने की पहल करने का साहस जुटाना होगा।

मेरे जानकार चांदना साहब की पत्नी का देहांत हो गया। उनके तीन बच्चे हैं, दो पुत्र और एक पुत्री। तीनों बच्चे विवाहित हैं। चांदना साहब दादा भी बन चुके हैं। जब मैंने सुना कि इस उम्र में उन्होंने दूसरा विवाह कर लिया, तो एकाएक मेरे मुंह से निकला, "इस उम्र में उन्हें क्या सूझी?" यह जानकर मुझे और भी हैरानी हुई कि उनके लिए पत्नी ढूंढ़ने के कार्य में उनकी बड़ी बहू ने उन्हें पूरा सहयोग दिया। जब मैं उनकी बहू से मिली, तो उसने बताया, "इस उम्र में विवाह करने में बुराई तब होती, जब पापा जी किसी कम उम्र की लड़की से विवाह करते। देखा जाए, तो बुढ़ापे में ही साथी की जरूरत होती है, फिर हमने जिन्हें नई मां के रूप में चुना है, वह भी विवाह की इच्छुक थीं। उम्र के इस मोड़ पर, उन्हें भी साथी की जरूरत थी। हमें अच्छा नहीं लगता था कि हम लोग तो रात को खाना खा कर अपने-अपने कमरे में बैठकर टी.वी. देखते और पापा अकेले कमरे में बैठे बोर होते रहते। हमने ही पापा को पुनर्विवाह के लिए मनाया। मैं इसमें कोई बुराई नहीं मानती। जमाना हंसता है, तो हंसे। पापा अब खुश हैं। हम भी खुश हैं।" मुझे उसकी बातें सुनकर लगा कि यही है आधुनिक सोच। अब से पहले मैं भी चांदना जी के विवाह को सहज भाव से नहीं ले पाई थी, लेकिन उनकी बहू से बात करके मेरी धारणा ही बदल गई। अगले दिन मैं चांदना जी को बधाई देने गई, तो उनके चेहरे की मुस्कराहट देखकर मुझे भी अच्छा लगा।

विवाह दो शरीरों का ही मेल नहीं, बल्कि दो दिलों का भी मेल होता है। दो व्यक्ति यदि अधेड़ावस्था में अपने अकेलेपन से परेशान हैं और गृहस्थी बसाना चाहते हैं, एक-दूसरे का सहारा बनना चाहते हैं, तो समाज को उसे सहर्ष मान्यता देना चाहिए। याद रखें, जब भी कोई पुरानी सामाजिक परंपरा को तोड़ता है, तो उसे आलोचना सहनी पड़ती है, किंतु यदि हमारी नीयत और उद्देश्य बुरा नहीं है, तो हमारे आलोचक भी धीरे-धीरे हमारे प्रशंसक बन जाएंगे। एक समय सती प्रथा का था। वह सामाजिक परंपरा ग़लत थी। उसका बहिष्कार किया गया। जब राजा राममोहनराय ने इस प्रथा के विरोध में आवाज उठाई होगी, तो उनके आलोचकों की कमी नहीं होगी, लेकिन उन्होंने इस कुप्रथा के विरुद्ध संघर्ष किया और आज समाज उनके कार्य की महानता की कद्र करता है। वर्तमान युग में वे युवक-युवतियां जो दहेज के

विरुद्ध आवाज उठा रहे हैं और दहेज न लेने, न देने के प्रण को अमल में ला रहे हैं, वे स्वयं के आधुनिक होने का प्रमाण भी प्रस्तुत कर रहे हैं। इसी तरह आधुनिक युग की मांग है कि विवाह जैसी पवित्र रस्म को सादगी से संपन्न किया जाए। व्यर्थ के अपव्यय से बचा जाए। इस संदर्भ में जो युवा कदम उठाएंगे, वे ही सच्चे अर्थों में आधुनिक कहलाएंगे। विचार किया जाए, तो घोड़ी पर बैठे दूल्हे के आगे शराब पीकर नाच-गा कर प्रसन्नता का इजहार करना कहां तक सभ्य है। भारत जैसे विकासशील देश में आज भी ऐसे असंख्य लोग हैं, जो गरीबी की रेखा से नीचे जीवन यापन करने को विवश हैं। एक समय के भोजन के लिए देह बेचने वाली महिलाओं की भी कमी नहीं। हमारे देश में ऐसे भी इलाके हैं, जहां के लोग जबरदस्त भुखमरी के शिकार हैं। एक तरफ हम आधुनिकता की चकाचौंध में खो रहे हैं, दूसरी ओर हमारे देश में आदिवासी जातियां अब भी पिछड़ेपन की जीवंत उदाहरण हैं। युवाओं को चाहिए कि विवाहादि पर अनावश्यक दिखावे से बचें और अपव्यय को बचाएं। कुछ राशि समाज कल्याण के कार्यों में लगाकर धन का सदुपयोग करें। यदि विवाहादि पर होने वाले अपव्यय का एक चौथाई भाग भी सार्थक कार्यों में लगा दिया जाए, तो यह एक बहुत बड़ी उपलब्धि होगी। युवावर्ग ऐसी सोच को अमल में लाकर आधुनिकता की नई मिसाल कायम कर सकता है।

मात्र भाषण देने से सामाजिक वर्जनाएं समाप्त नहीं की जा सकतीं। जब तक हम स्वयं पहल नहीं करेंगे, तब तक कोई परिवर्तन नहीं ला सकते। मैं आपसे सादगीपूर्ण विवाह संपन्न करने की बात कह रही हूं। सर्वप्रथम इस पर मैंने स्वयं अमल किया। हालांकि मेरी इस सादगी का खामियाजा मुझे लंबे समय तक भुगतना पड़ा। मेरे कई करीबी मित्र शादी में न बुलाए जाने पर नाराज हो गए। कुछ लोगों द्वारा मेरे मायके पक्ष की आर्थिक स्थिति को प्रश्नात्मक दृष्टि से देखा जाने लगा। मुझे तब दुख हुआ, जब मेरे ससुराल वालों ने मेरी सादगी के ग़लत अर्थ निकालने प्रारंभ कर दिए, लेकिन मुझे आज भी अपने फैसले पर पश्चात्ताप नहीं है। मैं इस बात से बिल्कुल निराश नहीं हूं कि मुझे मेरी भावनाओं को ठीक से समझने वाले लोग नहीं मिले, बल्कि इस बात का विश्वास है कि अगर मेरा उद्देश्य दोष पूर्ण नहीं है, तो भावी परिणाम भी सार्थक होंगे।

दूसरे भीड़ में अलग पहचान बनाने के लिए हमारे व्यक्तित्व में एक आकर्षण भी होना चाहिए। हमारी आत्मविश्वास से परिपूर्ण छवि भी इसमें सहायक होगी। व्यक्तित्व में आकर्षण के लिए सर्वप्रथम हमें अपनी बोलचाल के ढंग पर गौर करना चाहिए। विचार करें कि क्या आपकी बातचीत का ढंग दूसरों को प्रभावित करता है? यदि नहीं, तो ऐसा करने के लिए स्वयं को तैयार करें। शीशे के सामने खड़े होकर कुछ

वाक्य कहें। बोलते समय अपने चेहरे की भाव-भंगिमाओं पर गौर करें। टेपरिकॉर्डर में अपनी आवाज रिकार्ड करें। उसे सुनकर अपने उच्चारण पर गौर करें। इसके बाद कुछ मित्रों के बीच अपनी बात को एक निश्चित अंदाज से रखें। विचार गोष्ठियों में भाग लें। ऐसी विचार गोष्ठियों का आयोजन आप स्वयं भी कर सकते हैं। किसी सार्वजनिक स्थल पर किसी सामाजिक विषय पर अपने विचार प्रस्तुत करने के लिए मित्रों को आमंत्रण दें। आप देखेंगे कि धीरे-धीरे आपके बोलने के ढंग में आश्चर्यजनक परिवर्तन आने लगा है। लोग आपकी बात को ध्यान से सुनने लगे हैं। आप विश्वास करें, एक दिन जब आपको भीड़ के बीच में भी बोलने का अवसर मिलेगा, तो आप बेझिझक बोल पाएंगे। ऐसा करने से आपके बोलचाल के ढंग में ही नहीं, बल्कि आपके विचारों और सोचने के ढंग में भी सकारात्मक शोधन होगा, क्योंकि अच्छा वक्ता बनने के लिए अच्छे विचारों का होना भी बेहद जरूरी है।

आपका प्रस्तुतिकरण अच्छा हो जाएगा, तो आपको प्रत्येक दिशा में सफलता मिलनी प्रारंभ हो जाएगी। कार्यालय में आप अपने बॉस के समक्ष अपने कार्य को अच्छी तरह प्रस्तुत करेंगे, तो आपको उन्नति मिलेगी। विद्यार्थी हैं, तो अच्छा प्रस्तुतिकरण करने पर आपको अध्यापकों से प्रशंसा मिलेगी। आपकी अपनी पहचान होगी, जो आपका मार्ग प्रशस्त करेगी। सफलता की सीढ़ियां चढ़ने वाला इनसान स्वतः ही आधुनिक कहलाएगा। ऐसे में आपको आधुनिक दिखने के लिए कुछ विशेष नहीं करना पड़ेगा। आप अपनी सोच, व्यवहार और शैली से आधुनिक ही नहीं, नंबर वन कहलाएंगे। क्या नंबर वन होना आपका सपना नहीं है? यदि है, तो हंस की चाल का अनुकरण न करते हुए स्वयं की चाल में वह मस्ती पैदा कीजिए कि आप शान से कह सकें, जमाना हम से है, हम जमाने से नहीं।

प्रण : हम प्रण करते हैं कि हम अपनी आधुनिक सोच में आधुनिक ढांचे के प्रयास करेंगे।

कुंठित धारणाओं से छुटकारा पाएं

अंधविश्वास, पाखंड, ढोंग या वहम ये सब आधुनिक युग में बेमानी बातें हैं, किंतु फिर भी हम अंधविश्वासों में फंस जाते हैं। हमारे अंधविश्वास या वहम हमारी मानसिक कमजोरी को ही प्रदर्शित करते हैं। मार्ग के सबसे बड़े अवरोधक हैं अंधविश्वास। आइए, इनसे मुक्ति पाकर उन्नति के मार्ग के अवरोधों को दूर करने का प्रयास करें।

दुख होता है, जब आधुनिक कहलाने वाले युवा भी अपनी असफलताओं के लिए परिस्थितियों, अभावों, व्यवस्था, भाग्य, ग्रहों आदि को दोष देते हैं। वर्तमान संदर्भों में ये सब बातें कोई अर्थ नहीं रखतीं। यदि आप किसी समस्या से ग्रस्त हैं, तो अपने विवेक से अपनी समस्या का हल स्वयं निकाल सकते हैं। कर्मों का तुरंत भुगतान ही मॉडर्न सोच है। आधुनिक सोच वाला व्यक्ति कभी भी अपनी असफलता का दोष अपने भाग्य या ग्रहों को नहीं देगा। अपनी असफलताओं के लिए हम स्वयं दोषी हैं। सफल होने के लिए हमें स्वयं ही प्रयास करने होंगे।

क्या आप उन राजनेताओं को आधुनिक कह सकते हैं, जो चुनाव जीतने के लिए ज्योतिषियों के चक्कर काटते हैं अथवा भविष्यवाणियों पर विश्वास करते हैं? नहीं, आज कई खिलाड़ी सफल भी हैं, लेकिन वहमों के शिकार हैं। वे ये भूल जाते हैं कि उनके अंधविश्वास अंतर्राष्ट्रीय स्तर पर चर्चित हो जाते हैं। इस तरह वे अपने देश का मजाक ही उड़वा देते हैं। कई फिल्म निर्माता अपनी सभी फिल्मों के नाम एक ही अक्षर से प्रारंभ करते हैं। बालाजी टेलीफ़िल्म अपने सभी सीरियलों के नाम 'क' अक्षर से शुरू करता है, जैसे 'क्योंकि सास भी कभी बहू थी', 'कसौटी जिंदगी की', 'कहानी घर-घर' की आदि। इसके पीछे उनकी मान्यता रहती है कि अमुक अक्षर शुभ है, अतः उससे नाम प्रारंभ करने से उनकी फिल्म सफल हो जाएगी। यह भी वहम ही है। फिल्म की सफलता या असफलता का नाम से संबंध जोड़ना हास्यास्पद है। ऐसे वहम पालने वाले अन्य दृष्टियों से आधुनिक होते हुए भी अपने पिछड़ेपन का बोध करवा जाते हैं।

मेरे एक जानकार ज्योतिषी पंडित तुलसी हैं। उनके पास कई लोग ग्रह-शांति का पाठ करवाने आते हैं। ज्यादातर लोग पारिवारिक कलहों को दूर करने के लिए ही पूजा-पाठ करवाते हैं। जब मैं पंडित जी से मिलने गई, तो वह एक युवक के लिए राहु का शांति पाठ कर रहे थे। पूजा समाप्त होने पर उन्होंने बताया, ''इस युवक का अपनी पत्नी से झगड़ा हो गया है। पत्नी की कुंडली के अनुसार राहु का प्रभाव था, इसलिए राहु का पाठ कर दिया। पत्नी झगड़ कर मायके चली गई थी, इसलिए उसकी फोटो ही सामने रख कर पूजा करनी पड़ रही है।'' मैंने पंडित जी से उस युवक का पता लिया और उससे मिलने पहुंच गई, युवक का मानना था कि उसकी पत्नी पर राहु का योग है, इसलिए उसका पत्नी से झगड़ा हो जाता है, लेकिन बातचीत करने पर निष्कर्ष कुछ और ही निकला। यह युवक बार-बार पत्नी के मायके वालों को गाली देता था। वह पत्नी को मायके इसलिए नहीं भेजना चाहता था कि कहीं पत्नी की मां उसे कुछ सिखा न दे। ऐसे में झगड़ा नहीं होगा, तो क्या होगा? अगर इस युवक ने स्वयं की आदत को न सुधारा, तो सारी आयु उसकी पत्नी राहु के प्रभाव से मुक्त नहीं हो पाएगी। भले ही यह युवक कितने ही शांति-पाठ करवा ले, उसकी समस्या नहीं सुलझ सकती। इस युवक को विचार करना चाहिए कि उसकी पत्नी की मां ने उन्नीस-बीस वर्षों में अपनी बेटी को जो सिखाना था, जो संस्कार देने थे, दे चुकी। अब वह क्या सिखाएगी?

दो वर्ष पूर्व जब मैं दिल्ली प्रेस के लिए 'अंधविश्वासों के घेरे में' लेख लिखने के लिए जानकारी लेने हेतु एक ज्योतिषी से मिली, तो उस समय उनके पास एक 35 वर्षीया युवती समस्या लेकर आई हुई थी और पंडित जी ने उसे 'पीपल के वृक्ष' से काल्पनिक विवाह करने का उपाय बताया था। उनके अनुसार एक बार पीपल के वृक्ष से विवाह कर लेने पर उस युवती का विवाह शीघ्र हो जाएगा। तब मुझे पंडित जी की बात पर तो हंसी आई ही, लेकिन यह जानकर आश्चर्य हुआ कि वह युवती डॉक्टर है। एक पढ़ी-लिखी, अच्छे पद पर कार्यरत युवती ऐसी बातों में विश्वास करके अपनी कुंठा का ही प्रदर्शन कर रही थी। तब मैंने उस युवती को अपना परिचय देते हुए उससे वर के संबंध में उसकी पसंद पूछी, तो ज्ञात हुआ कि युवती डॉक्टर पति की इच्छा रखती है। वह पिछड़ी जाति की है और परिवार वाले अपनी जाति से बाहर उसका विवाह नहीं करेंगे। उसकी समस्या स्पष्ट थी। एक तरफ उसे पति भी डॉक्टर ही चाहिए, दूसरे वह जाति से बाहर विवाह भी नहीं करना चाहती। सब कुछ तो सबको नहीं मिला करता। अगर उसे डॉक्टर पति ही चाहिए, तो जातिवाद के बंधन को भी तोड़ा जा सकता है, अन्यथा डॉक्टर पति की जिद छोड़ी जा सकती है। वैसे यह उस युवती का व्यक्तिगत मामला है। इसलिए इस संबंध में ज्यादा नहीं कहना चाहिए, लेकिन इतना तो जरूर है कि पीपल के वृक्ष से विवाह करके समस्या नहीं सुलझ सकती।

अंधविश्वास हमारे पूरे व्यक्तित्व को खंडित कर देते हैं। अपनी वेशभूषा ही नहीं, व्यवहार और बोलचाल से भी आधुनिक दिखने वाला व्यक्ति भी जब किसी अंधविश्वास का शिकार हो जाता है, तो उसकी आधुनिकता पर प्रश्नचिह्न लग जाता है। आप किसी शुभ कार्य हेतु घर से निकलने लगें, तो पीछे से किसी ने छींक मार दी। आप इस डर से रुक गए कि यह अपशकुन है। यह इस बात का प्रतीक है कि आप अंदर से डरे हुए इनसान हैं। आप में आत्मविश्वास की कमी है। इसी तरह बिल्ली के रास्ता काटने को जो लोग अशुभ मानते हैं, उन्हें गहराई से विचार करना चाहिए कि बिल्ली के रास्ता काटने का उनके कार्य से संबंध कैसे हो सकता है। बिल्ली तो रोज ही किसी-न-किसी का रास्ता काटेगी ही।

देखा जाए, तो हमारा देश वहम और अंधविश्वासों में सबसे आगे है। मंगलवार को नाई भी इसलिए छुट्टी करते हैं कि उस दिन लोग न तो बाल कटवाते हैं और न ही शेव बनवाते हैं। कई लोग वीरवार के दिन नया कपड़ा नहीं पहनते। कुछ पढ़ी-लिखी महिलाएं भी वीरवार के दिन न तो बाल धोती हैं और न ही वस्त्र धोती हैं, लेकिन इन वहमी स्त्रियों को यदि वीरवार को किसी पार्टी वगैरह में जाना हो, तो बालों में शैम्पू कर लेती हैं। इसका कोई दुष्प्रभाव भी नहीं होता, तथापि वे अपने इस वहम की गिरफ़्त से निकलना नहीं चाहतीं।

आप किसी आवश्यक कार्य से जा रहे हैं, लेकिन घर से निकलते समय किसी ने छींक मार दी, तो आप इसे अशुभ समझकर रुक जाते हैं, लेकिन बुद्धि से विचार किया जाए, तो किसी की छींक का आपके कार्य की सफलता या असफलता से क्या संबंध? हिचकी के संबंध में एक वहम प्रचलित है कि जब कभी अचानक हिचकी आती है, तो समझना चाहिए कि कोई याद कर रहा है। अजीब-अजीब वहम हैं ये जिनका कोई वैज्ञानिक आधार है ही नहीं। छींकना या हिचकी आना केवल एक ही बात का प्रतीक है कि आपको जुकाम या एलर्जी हो गई है या कोई तीखी गंध आपने सूंघ ली हो अथवा गले में कुछ हो गया हो, लेकिन वहम का तो कोई इलाज नहीं।

शनिवार को लोहा न खरीदना भी वहम ही है। शनिवार के वहम को कुछ शनि-दान मांगने वाले हर सप्ताह भुनाते हैं । अन्य दिन तो वे मांग-मांग कर थक जाते हैं, किंतु शनिवार के दिन उन्हें मांगने की जरूरत ही नहीं पड़ती। आप खुद ही उन्हें आवाज लगाकर दान देते हैं।

वहमों का तो अंत ही नहीं है। होटलों में कमरा नं 13 का न होना भी 13 नंबर को अपशकुन मानने का परिणाम है। तीन का अंक भी अपशकुन माना जाता है। कहते हैं, 'तीन तिगाड़ा, काम बिगाड़ा'। अगर मैं ऐसे ही वहमों या अंधविश्वासों

की चर्चा करने लगूं, तो एक पूरा ग्रंथ लिखा जा सकता है, लेकिन हम विषय से भटक न जाएं, इसलिए इतना कह कर ही लेखनी को विराम देना चाहूंगी कि किसी भी प्रकार का वहम या अंधविश्वास घातक ही सिद्ध होता है। ऊपरी तौर पर देखने से भले ही आपको लगे कि आपके वहम करने से किसी का कुछ नहीं जाता है, लेकिन वहम आपकी गति में सदैव बाधक ही सिद्ध होते हैं। अगर आपके अंधविश्वासों से आपको होने वाली हानियों की बात समझ में नहीं आती, तो भी इतना तो स्पष्ट है कि ये आपके आधुनिक व्यक्तित्व पर अवश्य ही प्रश्नचिह्न लगा देते हैं। इसलिए व्यर्थ की धारणाओं के चंगुल से मुक्त होने का प्रयास करें।

प्रतिज्ञा : हम प्रतिज्ञा करते हैं कि हम किसी भी प्रकार के अंधविश्वास में पड़ कर अपना समय व ऊर्जा का नाश नहीं करेंगे।

नई सोच विकसित करें

नया जमाना है, नए परिधान, नई भाषा, नए मूल्य, सभी कुछ तो नया है, फिर सोच पुरानी क्यों? नई सोच विकसित करके पूरी तरह आधुनिक होने के प्रयास करें।

प्रत्येक व्यक्ति आधुनिक दिखने के लिए भरसक प्रयास करता है। आधुनिक वेश-भूषा, माडर्न रहन-सहन अपनाकर नए जमाने के साथ चलना चाहता है। बदलते समाज के बदले हुए परिवेश में आधुनिक होने के लिए जितना आवश्यक भौतिक परिवर्तन है, उससे कहीं ज्यादा मानसिक परिवर्तन जरूरी है। जो व्यक्ति नए समाज में नई सोच के साथ आचरण न करे, वह कभी भी पूर्ण आधुनिक नहीं हो सकता।

पुराने समय में जब फ्रिज नहीं था, तो लोग एक समय की ही सब्जी बनाते थे। दोपहर में जो सब्जी बनाई, वह रात तक उपयोग लायक नहीं रहती थी, लेकिन आज-कल फ्रिज में रखी सब्जी दो-तीन दिन तक खराब नहीं होती और अकसर लोग एक समय सब्जी बनाकर उसका दो समय तक उपयोग कर लेते हैं। इससे समय और पैसे दोनों की बचत हो जाती है, लेकिन कई परिवारों में बड़े बुजुर्ग इस बात का वहम करते हैं। वही पुरानी सोच कि एक समय का भोजन दूसरे समय तक खराब हो जाता है। वे इसी को पकड़े रहते हैं। हालांकि यह उदाहरण बहुत साधारण-सा है, लेकिन यही मेरी एक मित्र के परिवार की परेशानी है। मेरी मित्र घर में ही ब्यूटी पार्लर चलाती है। सास-ससुर उसके साथ रहते हैं। वह सुबह की सब्जी बना लेती है, क्योंकि दोपहर में पार्लर में व्यस्तता के कारण कभी समय नहीं मिलता, लेकिन उसके सास-ससुर इस बात पर एतराज करते हैं। कई बार रात को गुंधा हुआ आटा बच जाए और वह फ्रिज में रख दे, तो सासू मां गुस्सा करने लगती हैं कि बहू बासी आटे की रोटी खिलाती है। यह बात बड़ी हास्यास्पद है। आप किसी आधुनिक उपकरण का पूर्णतः उपयोग नहीं करते, तो उसका लाभ क्या? अतः उसकी उपयोगिता को समझना सबसे ज़रूरी है।

इसी तरह कई आधुनिक कहलाने वाले परिवारों में लड़के-लड़कियों में भेदभाव किया जाता है। लड़के के भोजन, उसकी शिक्षा, खेल-कूद, प्रत्येक गतिविधि पर पूरा ध्यान दिया जाता है, लेकिन उसी परिवार की लड़की को हेय दृष्टि से देखा जाता है। इस संदर्भ में मैं अपनी दादी मां के विचारों से बहुत प्रभावित हूं। मेरी दादी की सात संतान हैं, जिनमें दो पुत्रियां और पांच पुत्र हैं। मेरी दादी ने कभी भी लड़के-लड़की में भेदभाव नहीं समझा। इस मामले में मैं उन्हें आधुनिक ही कहूंगी। वह कहा करती थीं कि लड़की के स्वास्थ्य का तो विशेष ध्यान रखा जाना चाहिए, क्योंकि उसके ऊपर संतान को जन्म देने का दायित्व है। उसका स्वास्थ्य ठीक नहीं होगा, तो वह स्वस्थ संतान को जन्म कैसे देगी? स्वास्थ्य कोई एक-दो वर्ष में तो बनता नहीं। उसके लिए प्रारंभ से ही ध्यान दिया जाना चाहिए। जहां तक शिक्षा का संबंध है, वे लोग, जो यह सोचते हैं कि लड़की की शिक्षा पर खर्च करके क्या लाभ, वह तो पराए घर चली जाएगी, मात्र लड़की के साथ ही अन्याय नहीं करते, बल्कि पूरे समाज के प्रति अपराध करते हैं, क्योंकि पढ़ी-लिखी मां ही अपनी संतान की शिक्षा के प्रति सजग होकर अच्छे नागरिक तैयार कर सकती है, लेकिन कई तथाकथित आधुनिक परिवारों में गर्भवती बहू को भी पूर्ण संतुलित भोजन नहीं दिया जाता। उसके खान-पान पर रोक-टोक की जाती है।

मेरी एक मित्र अपने अनुभव बताते हुए कहती है, बड़े बेटे के जन्म के समय मेरे पूरे शरीर में सूजन आ गई थी। मेरी सास मुझे हर 15 दिन में डॉक्टर के पास लेकर जाती। पूरी दवाइयां खरीदती। डॉक्टर जो भी टेस्ट बताती, करवाती, लेकिन मुझे पौष्टिक भोजन देने में उसे तकलीफ होती थी। जैसे मैं फल आदि खाऊं, तो उन्हें चुभते थे। मेरा दूध पीना अखरता था। मुझे जितना आराम मिलना चाहिए था, उतना नहीं मिल पाता था। छोटी-छोटी बात पर रोक-टोक से मुझे मानसिक परेशानी भी रहने लगी, जिससे मेरा स्वास्थ्य डगमगाने लगा। मेरी सास अनपढ़ नहीं, बल्कि पढ़ी-लिखी अध्यापिका हैं। अगर वह मेरे खान-पान और मानसिक स्थिति का ध्यान रखती, तो न तो डॉक्टर की भारी फीसें भरनी पड़ती और न ही दवाइयों का सहारा लेना पड़ता। आज भी एक आधुनिक सास इस बात में तो आधुनिकता दिखाएगी कि गर्भवती बहू की नियमित डॉक्टरी जांच करवाई जाए, किंतु उससे दूसरे दर्जे का व्यवहार करके वह अपनी कुंठित सोच का ही प्रदर्शन करती है।

यदि आप बाहर से आधुनिक दिखना चाहते हैं, तो अंदर से भी आधुनिक बनने का प्रयास करें। केवल आपके कार्यों से ही आधुनिकता नहीं झलकनी चाहिए, बल्कि आपकी सोच भी आधुनिक होनी चाहिए। यहां मुझे अपनी एक पंजाब की मित्र की याद आती है। मुझे उससे मिले हुए दो वर्ष हो गए। अब उसकी स्थिति का मुझे बोध नहीं, लेकिन आज से दो वर्ष पूर्व वह बहुत दुखी थी। मेरी मित्र की

समाज-सेवा में रुचि थी। वह कई सामाजिक संस्थाओं से जुड़ी हुई थी। उन दिनों वह युवक-युवतियों को सादगी से विवाह संपन्न करने के लिए प्रेरित करती थी। इसके लिए वह स्कूल कालेजों में जाकर इस विषय पर युवाओं को भाषण भी देती थी। उन्हीं दिनों उसके विवाह की बात चली, तो निश्चित बात है कि दूसरों को सादगी से विवाह करने की प्रेरणा देने वाली लड़की अपना विवाह भी सादगी से ही चाहेगी। उसने लड़के वालों से इस संदर्भ में स्पष्ट बात की। उसके गुणों से प्रभावित लड़के वालों ने उसकी बात मान ली। दहेज के संबंध में भी उसने अपने विचार रखते हुए कहा कि यदि परिवार में पहले से ही सभी आवश्यक वस्तुएं फ्रिज, टी.वी., सोफा आदि हैं, तो दहेज के रूप में यही सामान पुनः इकट्ठा करने का कोई लाभ नहीं। उस समय उसकी इस बात का भी सम्मान किया गया। उसके पिता ने तो अपनी हैसियत के अनुसार पुत्री को देना ही था, इसलिए उन्होंने नकद धन उसके ससुराल वालों को दे दिया और अपनी पुत्री को गहनों के रूप में शानदार उपहार दिया, लेकिन जैसे-जैसे समय बीतने लगा, मेरी मित्र को यह जानकर बहुत दुख हुआ कि उसके ससुराल वाले इससे अधिक अपेक्षा रखते थे। एक छोटी-सी बात पर ही उसके पति ने जब उसे उलाहना देते हुए कह दिया, "यह सब तुम अपने मायके से तो नहीं लाई थी", तो उसका दिल टूट गया।

यहां मैं यही कहना चाहूंगी कि आप आधुनिक विचारों को भाषण में सुनना तो पसंद करते हैं, लेकिन उन्हें व्यावहारिक रूप में क्यों नहीं अपनाना चाहते। यदि आपके घर में पहले से ही टी.वी. है और आपकी पत्नी भी दहेज में एक टी.वी. ले आती है, तो दो टी.वी. रखकर आप अमीर नहीं हो जाएंगे। आपकी दौलत तो आपकी पत्नी के ऊंचे विचार होने चाहिए, जिनकी बदौलत वह आपके घर-परिवार में शांति रख सकती है। यदि आप उसे ताने देंगे, तो निश्चित रूप से आपके कटाक्षों के प्रहारों के परिणामस्वरूप आपको भी उसके कटाक्ष झेलने पड़ेंगे और आप अपने घर की शांति खो देंगे। इस संदर्भ में युवाओं को अपनी सोच को नई दिशा देकर समाज के समक्ष आधुनिकता के नए मापदंड रखने चाहिए।

वे लोग जो बच्चों के विषय में 'हम दो हमारे दो' या 'एक ही काफी और से माफी' के सिद्धांत को अपनाते हुए एक या दो बच्चे ही पैदा करने के पक्ष में हैं, आधुनिक परिवार की श्रेणी में आते हैं, लेकिन तब उनकी आधुनिकता धरी-धराई रह जाती है, जब वे भ्रूण की लिंग जांच करवाते हैं और मादा भ्रूण होने पर उसकी हत्या कर देते हैं। आधुनिक समाज में लड़की होना किसी भी दृष्टि से हीन नहीं है। आज लड़कियां प्रत्येक क्षेत्र में अपना स्थान बना रही हैं। चाहे वह खेल-कूद का क्षेत्र हो या राजनीति का, महिलाओं का वर्चस्व सब जगह है। आज लड़के ही कुल का नाम रोशन नहीं करते, बल्कि लड़कियां भी अपने क्षेत्र में प्रसिद्धि पाकर

माता-पिता को सम्मान दिला देती हैं। वे लोग जो सोचते हैं कि लड़का वंश का नाम चलाता है या बुढापे में उनका सहारा बनेगा, तो जरूरी नहीं कि आपकी वृद्धावस्था में आपका पुत्र आपके साथ रहे, फिर पुत्री को छोड़ अंध पुत्र मोह क्यों?

आधुनिक समाज में पुत्र-पुत्री में भेदभाव करके हम अपने पिछड़ेपन का ही प्रदर्शन करते हैं। आज नई सोच विकसित करने की जरूरत है। लड़के के जन्म पर खुशी और लड़की के जन्म पर गम मात्र पिछड़े विचारों का ही परिणाम है, अन्यथा संतान के जन्म की खुशी ही होती है, भले ही वह पुत्र हो या पुत्री।

प्रतिज्ञा : हम प्रतिज्ञा करते हैं कि अपने भीतर नई सोच का विकास करके आधुनिकता का नया जामा पहनेंगे।

घरेलू महिलाएं आधुनिकता की छाप छोड़ें

क्या हुआ यदि आप नौकरी नहीं करतीं? क्या मात्र कामकाजी होना ही आधुनिकता की निशानी है? शायद नहीं। घरेलू होते हुए भी आधुनिक कहलाइए, इन 21 टिप्स पर अमल करके।

जब हम आधुनिक महिलाओं की बात करते हैं, तो नौकरीपेशा महिलाओं की ही तस्वीर उभर कर आती है, किंतु जहां तक आधुनिकता का संबंध है, घरेलू महिला भी आधुनिक हो सकती है। जरूरी नहीं कि आधुनिक होने के लिए आप आर्थिक रूप से आत्मनिर्भर हों। केवल धनोपार्जन करने से ही आधुनिकता का संबंध नहीं है। आप सुघड़ घरेलू महिला होते हुए भी आधुनिक बन सकती हैं। प्रस्तुत हैं आपके समक्ष घरेलू होते हुए आधुनिक बनने के 21 टिप्स–

1. सर्वप्रथम स्मरण रखें कि आप घरेलू हैं, लेकिन अनपढ़ नहीं। आपको अपनी शिक्षा का भरपूर लाभ लेना है। यह लाभ आप अपने बच्चों से होमवर्क करवा कर ले सकती हैं। शिक्षा के संदर्भ में सीमित सोच न रखें कि आपके समय की पढ़ाई और आज की पढ़ाई में बहुत अंतर है। आप अपने ज्ञान को समय-समय पर अद्यतन (अपडेट) करती रहें और बच्चों की पढ़ाई में उनकी सहायता भी करें।
2. कंप्यूटर, इंटरनेट की जानकारी लें। इंटरनेट के जरिए आप घर बैठे देश-विदेश की सूचनाएं एकत्रित करके ज्ञान में वृद्धि कर सकती हैं।
3. समाचार-पत्र अवश्य पढ़ें। टी.वी. में भी समाचार अवश्य सुनें। राजनीतिक समाचारों में रुचि रखकर आप सजग नागरिक बनें।
4. बैंक, डाकखाने में अपने खातों का संचालन स्वयं करें। धन निवेश संबंधी नई स्कीमों की जानकारी रखें। बैंकों में किस दर पर ब्याज मिलता है, वह कैलकुलेट कैसे किया जाता है, यह जानकारी भी बहुत जरूरी है।

5. आधुनिक वाहन चलाना अवश्य सीखें। घर में यदि स्कूटर या कार है, तो कभी-कभी स्वयं चलाएं। आपका यह गुण जरूरत पड़ने पर आपके ही नहीं, घर के सभी सदस्यों के काम आएगा।

6. फोन की डायरी को अच्छी तरह मेनटेन रखें। इनमें महत्वपूर्ण टेलीफोन नंबर, यथा डॉक्टर का फोन, बच्चों के स्कूल और ट्यूशन के फोन आदि लाल रंग से लिखें। फायर ब्रिगेड, टेलीफोन एक्सचेंज, बिजली के दफ्तर, गैस-सिलेंडर बुक करवाने के नंबर आदि को अलग से लिखें।

7. एक फोन डायरी मार्केटिंग की बनाएं, ताकि घर बैठे फोन से आप खरीदारी कर सकें। यदि कभी घर में एकाएक मेहमान आ जाएं और आप घर में अकेली हों, तो फोन से घर बैठे सामान मंगाकर आप आधुनिकता का परिचय दे सकती हैं।

8. माना कि आपकी रुचि सिलाई-कढ़ाई में नहीं है, लेकिन फिर भी आपको इसकी जानकारी अवश्य रखनी चाहिए कि बेहतर सिलाई-कढ़ाई कहां की जाती है।

9. आधुनिक फैशन संबंधी जानकारी भी रखें।

10. समय के साथ-साथ स्वयं को बदलिए। माना की आप बहुत स्वादिष्ट भोजन बनाती हैं, लेकिन आज का समय फास्ट फूड का है। प्रचलित स्नैक्स, पीजा, केक, नूडल्स, सूप आदि घर पर आसानी से बनाए जा सकते हैं। इनके बनाने की विधियां टी.वी. के कार्यक्रमों में भी सिखाई जाती हैं। इन्हें बनाना सीखकर आप स्वयं को आधुनिक गृहिणी सिद्ध कर सकती हैं।

11. भोजन की पौष्टिकता के संबंध में पूरी जानकारी रखें। उसकी न्यूट्रीशन वैल्यू को ध्यान में रखकर परिवार के लिए भोजन तैयार करें।

12. बचे हुए भोजन का उपयोग करना सीखें। इससे बचत तो होगी ही, आपकी समझदारी की भी झलक मिलेगी।

13. अगर आपके बच्चे छोटे हैं, तो शिशु पालन संबंधी पुस्तकें पढ़कर बच्चों के पालन-पोषण संबंधी आधुनिक जानकारी रखें। शिशु पालन संबंधी कई पुरानी धारणाएं आधुनिक युग में शिशु के लिए हानिकारक सिद्ध हो सकती हैं, इसलिए किसी भी तथाकथित बड़ी-बूढ़ी की बात मानने से पूर्व आप उसकी वैज्ञानिक दृष्टि से परख अवश्य कर लें।

14. थर्मामीटर देखना, रक्तचाप चेक करना अवश्य सीखें। इसकी जरूरत प्रत्येक घर में होती है।

15. अपने वोट के बारे में सजग रहें। वोट का प्रयोग अवश्य व सही करें। आपको पता होना चाहिए कि आप किस पार्टी को और क्यों वोट दे रही हैं।

16. अपने स्वास्थ्य के प्रति जागरूक रहें। नियमित व्यायाम करें। यदि हेल्थ क्लब न जा सकें, तो किसी सार्वजनिक पार्क में व्यायाम करें। आजकल सार्वजनिक पार्कों में महिलाएं भी व्यायाम करती हैं।

17. किसी-न-किसी सामाजिक संस्था से अवश्य जुड़ें और समाज-सेवा के लिए अपना कीमती समय निकालें। किटी पार्टी में जाकर आधुनिक बनने से बेहतर है, आप सामाजिक कार्यों में रुचि लेकर अपने समय का सदुपयोग करें।

18. मोहल्ले की समस्याओं से मुंह न फेरें। प्रशासन को कोसने से बेहतर है आप प्रशासन से काम लेने की ठानें। संबंधित कार्यालयों में स्वयं जाकर अपनी समस्या को सुलझाने का प्रयास करें। बड़े अधिकारियों से मिलने से न झिझकें।

19. सामाजिक समस्याओं को अखबारों के कालमों में छपवाकर आप लोगों का ध्यान आकर्षित कर सकती हैं।

20. कई स्थानों पर महिलाओं को आरक्षण प्राप्त है। महिलाओं को प्राप्त विशेषाधिकारों की भी जानकारी रखें, तभी आप अपने अधिकारों का प्रयोग कर पाएंगी।

21. प्राथमिक चिकित्सा का बॉक्स सदैव तैयार रखें। आवश्यकता पड़ने पर आप अपने परिवार की ही नहीं, बल्कि पड़ोसी की भी सहायता कर सकती हैं।

एक गृहिणी भी उपरोक्त टिप्स को कार्यरूप में लाकर आधुनिक दौर में अपना महत्वपूर्ण अस्तित्व स्थापित कर सकती है।

महिलाएं अधिकारों के प्रति सजग रहें

मैं यहां महिलाओं से संबंधित अधिकारों की चर्चा करना चाहूंगी। आज महिलाओं को बहुत से कानूनी अधिकार प्राप्त हैं। इन्हीं अधिकारों की जानकारी के लिए चलते हैं, फरीदाबाद की प्रसिद्ध अधिवक्ता श्रीमती रंजना शर्मा के पास।

महिलाओं के अधिकारों के संबंध में अधिवक्ता रंजना शर्मा से विस्तृत वार्त्ता हुई। उनके अनुसार यदि महिलाएं आधुनिक बनना चाहती हैं, तो उन्हें स्मरण रखना चाहिए कि मात्र वेशभूषा या भाषा से ही आधुनिक नहीं हुआ जा सकता। वास्तविक आधुनिकता इसमें है कि उनका कोई शोषण न कर पाए। अगर आज भी कोई महिला, भले ही कितनी गुणी क्यों न हो, उसका किसी प्रकार का शोषण होता है और वह उस शोषण को किसी भी कारण से सहन करती है, तो वह किसी भी दृष्टि से आधुनिक नहीं हो सकती। एक तरफ हम लड़ाई लड़ते हैं कि आज महिलाओं को बराबरी के अधिकार मिलना चाहिए, लेकिन जो मिले हुए हैं, हम उनका ही प्रयोग नहीं करते। उन अधिकारों के प्रति हम अनभिज्ञ हैं, तो आधुनिकता के नाम पर अधिकारों की लड़ाई लड़ने का क्या लाभ?

श्रीमती रंजना शर्मा महिलाओं को प्राप्त विशेष कानूनी अधिकारों की बात करते हुए बताती हैं, "आज बहुत-सी पढ़ी-लिखी महिलाएं भी अपने कानूनी अधिकारों की जानकारी नहीं रखतीं। यदि मोटे तौर पर बात की जाए, तो महिलाओं को पिता की संपत्ति में बराबर का हक प्राप्त है। यह अलग बात है कि भारतीय परंपराएं ऐसी हैं कि महिला के विवाह के समय दहेज के नाम पर इतनी रकम खर्च कर दी जाती है कि वह अपने इस अधिकार का प्रयोग करने से झिझकती है। शादी के बाद ससुराल की संपत्ति पर भी वह हक रखती है। तलाक की स्थिति में भी महिलाओं को बहुत से अधिकार प्राप्त हैं। तलाक के बाद बच्चा किसके पास रहेगा,

इस संबंध में महिलाओं को प्राथमिकता दी गई है। पांच वर्ष तक तो बच्चा मां के पास ही रहता है। मेरे पास आज भी ऐसी महिलाएं आती हैं, जो शिकायत करती हैं कि उनका पति उन्हें तलाक की धमकी देते हैं और यह भी कहते हैं कि वे बच्चा उनके पास नहीं रहने देंगे। अपने अधिकारों से अनभिज्ञ महिलाएं डर जाती हैं। भारतीय कानूनानुसार यदि महिला तलाक लेना चाहे, तो उसे आसानी से मिल सकता है, लेकिन पुरुष को आसानी से नहीं मिलता। तलाक हो भी जाए, तो पुरुष पर भरण-पोषण की जिम्मेदारी आती है। उसे शादी के समय महिला-पक्ष द्वारा खर्च किए धन का हर्जाना भी देना पड़ता है। और भी बहुत-सी उलझने हैं।

ससुराल द्वारा दहेज को लेकर प्रताड़ित की जाने वाली महिलाएं भी यदि अपने अधिकारों की जानकारी रखें, तो वे बेवजह नहीं दबेंगी। केवल शारीरिक प्रताड़ना ही नहीं, बल्कि मानसिक प्रताड़ना के कारण भी कोई महिला भारतीय दंड संहिता की धारा 498ए के तहत शिकायत कर सकती है। ऐसी महिलाओं को सर्वप्रथम पुलिस में शिकायत दर्ज करवानी चाहिए। 'रेडक्रास सोसाइटी' में भी लीगल सैल रहती है। क्राइम वूमैन लीगल सैल महिलाओं के लिए ही बने हैं, जहां उनकी शिकायतों को ध्यान से सुना और समझा जाता है। आज की पढ़ी-लिखी, आधुनिक कहलाने वाली महिला यह भी नहीं जानती कि दहेज संबंधी प्रताड़ना चाहे शारीरिक हो या मानसिक, वह महिला पर अत्याचार ही है। अधिकांश महिलाएं मानसिक प्रताड़ना सहती रहती हैं और तब आवाज उठाती हैं, जब वे शारीरिक प्रताड़ना की शिकार होती हैं। यह भी सच है कि आधुनिक परिवेश के शिक्षित परिवारों में शारीरिक नहीं, बल्कि मानसिक प्रताड़ना ही ज्यादातर दी जाती है। तानाकशी, गाली-गलौच, आदि से परेशान महिला यदि अपना मानसिक संतुलन खोती है, तो यह उसके लिए शारीरिक प्रताड़ना से कहीं बड़ा और त्रासद है।

आज की नौकरीपेशा महिला स्वयं को आधुनिक समझती है, लेकिन नौकरी करते हुए यदि उसे किसी प्रकार की स्वतंत्रता नहीं, अपनी कमाई पर भी अधिकार नहीं और उसे किसी तरह का उत्पीड़न भी सहना पड़ रहा है, तो यह आधुनिकता के नाम पर उसका शोषण करना ही होगा। मेरे पास एक केस आया, जिसमें महिला नौकरी कर रही थी, लेकिन उसका सारा वेतन उसके ससुराल वाले छीन लेते थे। ऊपर से ताने अलग से देते कि उसके मां-बाप ने उसे दहेज नहीं दिया। ऐसे में जब उसने कानून की सहायता लेने का साहस दिखाया, तो ससुराल वाले अपने आप लाइन पर आ गए। कई बार लातों के भूत बातों से नहीं मानते, तो कानून का सहारा लेने में झिझक कैसी? जब कोई आप पर जुल्म करने से नहीं चूकता, तो आप अपनी रक्षा करने से क्यों झिझकें?

ऐसे ही यौन उत्पीड़न की शिकार महिलाएं भी लंबे समय तक उत्पीड़न सहती रहती हैं। कार्यालय में बॉस आपत्तिजनक व्यवहार करता है या सहकर्मी अश्लील बातें करने का प्रयास करता है अथवा कोई छूने का प्रयास करता है, तब भी महिला कानून का सहारा ले सकती है। भारतीय दंड संहिता की धारा 509 और 354 के अंतर्गत ऐसे व्यक्ति के विरुद्ध कानूनी कार्यवाही की जाएगी। ज्यादातर महिलाएं केवल बलात्कार को ही यौन उत्पीड़न मानती हैं और आपत्तिजनक हरकतें चुपचाप झेलती रहती हैं, जो उनकी आधुनिकता की नहीं, मूर्खता की निशानी है।

श्रीमती रंजना महिलाओं की आधुनिकता उनके सही बात के लिए बोल्ड स्टैप लेने में मानती हैं। उनके अनुसार पढ़ी-लिखी आधुनिक महिला होने का लाभ तभी है, जब आप अपने अस्तित्व की रक्षा कर सकें। यदि आप आधुनिक होते हुए भी डरपोक, दब्बू या सहमी हुई रहती हैं, तो आधुनिकता के नाम पर स्वयं से ही छल कर रही हैं।

इसी संदर्भ में श्रीमती रंजना अपने 28 वर्ष की वकालत के अनुभवों की दास्तान सुनाते हुए कहती हैं, "आजकल कई लड़कियां आधुनिकता दिखाते हुए सादे विवाह करने की पहल कर रही हैं। ऐसे में माता-पिता दहेज के बदले नकद धन दे देते हैं या गहने दे देते हैं, परंतु उन्हें चाहिए कि दिया जाने वाला नकद धन ड्राफ्ट बनाकर दें, ताकि आने वाले समय में कोई समस्या हो, तो स्त्री को दिए जाने वाले नकद दहेज का भी पूरा सबूत हो। गहने देते समय भी चाहिए कि खरीदे गए गहनों की रसीदें संभाल कर रखी जाएं। ये छोटी-छोटी बातें बहुत काम आती हैं।"

मैं यह नहीं कहती कि आधुनिकता के नाम पर आप परिवार में हमेशा कानूनी धौंस दिखानी शुरू कर दें, लेकिन अपने अधिकारों का उपयोग करने का साहस तो होना ही चाहिए।

वर्तमान दौर में महिलाएं आधुनिकता की ओर कितना बढ़ पाई हैं? इसके उत्तर में श्रीमती रंजना कहती हैं, "आज चारों तरफ आधुनिकता का जो शोर है, उसे मैं बेबुनियाद ही कहूंगी। हालांकि मैं न तो स्त्री पक्षधर हूं और न पुरुष की ही पक्षधर हूं, लेकिन जब आधुनिकता की बात उठती है, तो स्वाभाविक रूप से महिलाओं की बदलती छवि उभर कर आती है। आज की महिला और पिछली सदी की महिला में भी बहुत अंतर है। एक तरफ महिलाएं आधुनिकता का दंभ भर रही हैं, दूसरी तरफ आंकड़े बता रहे हैं कि महिलाओं के प्रति अपराधों की संख्या के ग्राफ में दिनों-दिन वृद्धि हो रही है। औरतों के साथ होने वाले बलात्कार की घटनाओं में भी बढ़ोतरी हुई है। बलात्कारी द्वारा बलात्कार के बाद महिला की हत्या तक कर दी जाती है। उधर उसको सजा दिलवाने के लिए उस महिला के परिजन इसलिए

पीछे हट जाते हैं कि उनकी 'प्रिय' बर्बाद तो हो ही चुकी है। अब अदालती कार्यवाहियों के शर्मनाक दौर से उसे क्यों गुजारा जाए?

'सेव द चिल्ड्रन' ने विश्व के 105 देशों की महिलाओं और बच्चों की तुलनात्मक स्थिति का अध्ययन कर 3 मई, 2002 को वाशिंगटन में 'स्टेट ऑफ द वर्ल्ड मदर्स' नामक रिपोर्ट जारी की। इस रिपोर्ट के मद्देनज़र समाचार एजेंसी 'रायटर' का कहना है कि 'युद्धों के दौरान महिलाओं और बच्चों को भूख, बीमारी आदि के बीच असहाय छोड़ दिया जाता है और सैनिक इनका यौन शोषण करते हैं।' सैनिक महिलाओं को मात्र खाना दिखाकर ही उनका शोषण कर लेते हैं। गत फरवरी, 2002 में गुजरात की त्रासदी में कितनी ही महिलाएं यौन शोषण का शिकार हुईं। केरल जैसा राज्य, जहां की जनता सर्वाधिक शिक्षित है, वह भी महिलाओं के विरुद्ध सर्वाधिक अपराधों वाले 10 राज्यों की सूची में शामिल है। महिलाओं की स्थिति को देखें, तो निश्चित रूप से कहेंगे कि हम अब भी पिछड़े हुए हैं। आधुनिक बनने के लिए अभी हमें बहुत प्रयासों की जरूरत है।

प्रतिज्ञा : हम प्रतिज्ञा करती हैं कि अपने कानूनी अधिकारों के प्रति सजग रहेंगी, ताकि हमारा कोई शोषण न कर सके।

आधुनिक सोच का सही मूल्यांकन करें

वर्तमान युग में आधुनिक सोच कायम करना बेहद जरूरी है, लेकिन कहीं हम आधुनिकता के चक्कर में ठगे तो नहीं जा रहे! आइए, स्वयं की सोच का मूल्यांकन करें।

वर्तमान शिक्षा का स्तर भी गिरता जा रहा है। त्रुटिपूर्ण शिक्षा भी युवाओं को आधुनिकता के नाम पर ग़लत दिशा में कदम उठाने को प्रेरित कर देती है। जब मैं दसवीं कक्षा की छात्रा थी, तब का एक अनुभव स्मरण हो आता है। हमारी कक्षा के छात्र-छात्राओं के अध्यापकों के प्रति विचारों ने ही मुझे इस दिशा में सोचने के लिए विवश किया कि अपूर्ण शिक्षा भी नुकसानदायक हो जाती है। शिक्षा का उद्देश्य मानसिक, शारीरिक और भौतिक विकास होना चाहिए, लेकिन वर्तमान शिक्षा में थोड़ी कसर है। जो शिक्षक शिक्षा दे रहा है, उसका एकमात्र उद्देश्य धनार्जन रह गया है। यह ठीक है कि शिक्षक की भी अपनी जरूरतें हैं। उसे भी जीवनयापन करना है। अगर वह धन नहीं लेगा, तो अपनी आवश्यकताएं कहां से पूरी करेगा। फिर भी शिक्षा को अन्य व्यापारों की तरह पूर्णतः धंधा नहीं बनाना चाहिए। आज शिक्षकों की व्यापारिक मानसिकता भी छात्र-छात्राओं को दिग्भ्रमित कर रही है।

एक अध्यापक यदि किसी ग़लत कार्य के लिए किसी छात्र को रोकता है, तो छात्र स्पष्ट कह देता है कि शिक्षक को अपने काम से मतलब रखना चाहिए, उसके व्यक्तिगत जीवन से नहीं, क्योंकि छात्रों को पता है कि उसका शिक्षक मन से उसका शुभचिंतक नहीं है। उसे इस बात से सरोकार नहीं कि उसका शिष्य अपने जीवन के उद्देश्य को प्राप्त करता है या नहीं। उसे सिर्फ अपने वेतन से मतलब है या अपने विषय के परिणाम से, जो उस शिक्षक को अपनी योग्यता सिद्ध करने के लिए काफी है। ऐसे में शिष्य शिक्षक को वह सम्मान नहीं दे पाते, जिसकी उनसे आशा की जाती है। शिक्षकों का कहना है कि आजकल युवाओं के मन में

अपने अध्यापकों के प्रति सम्मान के भाव नहीं रह गए हैं, लेकिन आज अध्यापकों में गुरु द्रोणाचार्य जैसे शिक्षक नहीं हैं, तो अर्जुन जैसे शिष्य कहां से पैदा होंगे? अध्यापक जैसे छात्र तैयार करेंगे, वैसे ही तो वे बनेंगे।

इस संदर्भ में मैंने एक शिक्षक से बात की। उनका कहना था, "आजकल बच्चों को यदि ग़लत कार्य से रोकें, तो वे उलटे जवाब देते हैं। यदि नहीं रोकते, तो कहते हैं कि शिक्षक उनके हितैषी नहीं हैं। कई बार अभिभावकों से उनके बच्चों की शिकायत करते हैं, तो वे उलटा हमें ही बुरा-भला कहने लगते हैं। इसलिए सब कुछ देख-सुन कर भी शांत रहना पड़ता है। मेरा एक छात्र मॉडर्न फैशन की ओर आकृष्ट था। एक दिन कक्षा में परफ़्यूम लगाकर आया, तो मैंने उसे टोक दिया। इस पर अगले ही दिन उसके अभिभावक आकर मुझसे उलझ गए कि मैंने कक्षा में उनके बेटे का अपमान कर दिया। परफ़्यूम लगाने या न लगाने से कोई फर्क नहीं पड़ता। मेरी पत्नी परफ़्यूम की शौकीन है, लेकिन मेरे मना करने के पीछे सीधा-सा दृष्टिकोण था कि यदि एक छात्र ऐसी खुशबूदार प्रसाधन का प्रयोग करेगा, तो उसकी देखा-देखी दूसरे भी अनुकरण करेंगे और बच्चों का ध्यान पढ़ाई से विचलित हो जाएगा। स्कूलों में यूनीफॉर्म का प्रावधान भी तो इसी उद्देश्य से किया गया है, ताकि सभी छात्र-छात्राएं स्वयं को एक-सा समझें और उनकी एकाग्रता शिक्षार्जन की ओर ही बनी रहे।" इस शिक्षक से बातचीत करने पर यह तथ्य भी सामने आता है कि अभिभावक भी इस समस्या के लिए जिम्मेदार हैं। मैंने स्वयं कई बार देखा है कि कुछ अभिभावकों का अपने बच्चों को महंगे अंग्रेजी माध्यम के स्कूल में दाखिल करवाने के पीछे यह मानसिक सोच होती है कि इससे उनका 'स्टेटस' बढ़ेगा। बच्चे की पढ़ाई भी यदि आपके लिए 'स्टेटस सिम्बल' बन गई, तो इसमें आश्चर्य कैसा! इस तरह भविष्य में वह बच्चा भी पढ़ाई से ज्यादा अपने 'स्टेटस' के प्रति सजग रहेगा।

आधुनिकता की चकाचौंध और ग्लैमर ने युवाओं को आकर्षित कर अपराधों की ओर भी प्रवृत्त किया है। दिखावे की मानसिकता के कारण कॉलेज ही नहीं, स्कूल जाने वाले विद्यार्थियों के भी अनावश्यक दैनिक खर्च बढ़ जाते हैं। सीमित आय वाले परिवारों द्वारा जब इन अनावश्यक खर्चों की पूर्ति नहीं हो पाती और अभिभावकों की रोक-टोक शुरू होती है, तो किशोर-मन जो सपनों की दुनिया में विचरने लगता है, अपनी कल्पनाओं को साकार रूप देने के लिए कुछ भी करने को तैयार हो जाता है। शीघ्रातिशीघ्र उन्नति के शिखरों को छूने की चाह उन्हें शार्टकट ढूंढ़ने के लिए विवश करती है। अल्पकाल में बिना परिश्रम किए सफलता पाने की महत्वाकांक्षा दिग्भ्रमित कर देती है। ऐसे में जब कोई असामाजिक तत्व इन किशोरों

के संपर्क में आता है, तो वह अपने निजी स्वार्थ सामने रखकर इनके सपनों को हवा देने लगता है और मासूम किशोरों का उपयोग आपराधिक कार्यों, यथा नशीले पदार्थों की बिक्री या राजनीतिक स्वार्थों की पूर्ति के लिए करने लगता है।

आधुनिकता के नाम पर भोगवादी संस्कृति में लिप्त होना उचित नहीं है। परिवार की प्रतिष्ठा को दांव पर लगाकर आधुनिक नहीं बन सकते। आर्थिक संपन्नता को जब आप स्टेटस सिम्बल मानने लगें, तो समझिए आपके भटकाव की शुरुआत होने लगी है। कई अभिभावक अपनी संपन्नता बच्चों के माध्यम से प्रकट करने लगते हैं। बच्चों को बड़े अंग्रेजी स्कूल में भेजना उनकी संपन्नता का द्योतक होता है। धीरे-धीरे उनकी यह सोच उनके बच्चों में भी पनपने लगती है और वे अपने लक्ष्य से भटक कर संपन्नता का प्रदर्शन करने में ही अपनी शक्ति लगाने लगते हैं। स्वयं को सबसे अधिक संपन्न और आधुनिक दिखाना उनका ध्येय बन जाता है।

प्रगतिशील सोच ने जहां लड़कियों को स्वतंत्रता और अधिकार दिए हैं, वहीं पाश्चात्य चकाचौंध के अंधानुकरण ने सांस्कृतिक प्रदूषण को भी जन्म दिया है। आज लड़कियों को स्वेच्छा से वर चुनने का अधिकार है। प्रेम-विवाह को बुरा नहीं माना जाता और अंतर्जातीय विवाह भी स्वीकार किए जा रहे हैं। कुछ रूढ़िवादी सोच वाले परिवारों में अवश्य प्रेम-विवाह को नकारात्मक दृष्टि से देखा जाता है, किंतु ज्यादातर लोग अब प्रेम-विवाह को सहज स्वीकार करने लगे हैं। प्रेम-विवाह के लिए भले ही हमारा नजरिया सकारात्मक हो, लेकिन विवाह कोई खेल नहीं और भारतीय संदर्भों में तो विवाह जीवन-भर का साथ माना जाता है। इसलिए अभिभावक अपनी बेटी के वैवाहिक जीवन के प्रति मंगल कामनाएं रखते हुए भी उसके द्वारा चुने गए वर की भी अच्छी तरह तसल्ली करना अपना कर्तव्य समझते हैं। कई बार लड़की किसी युवक से भावनात्मक स्तर पर इतना अधिक जुड़ जाती है कि वह उसकी बड़ी-से-बड़ी कमी को भी नज़रअंदाज कर जाती है, लेकिन अनुभवी एवं पारखी अभिभावकों को जब इस विवाह से भविष्य में अपनी पुत्री का जीवन अंधकारमय होना निश्चित लगता है, तो वे इसका विरोध करने लगते हैं। अकसर युवतियां भावनाओं में बहकर विवाह के संबंध में विवेकपूर्ण विचार करने से इनकार कर अपने प्रेम को विवाह में परिणत करने की जिद करती हैं। वे यह सोचकर माता-पिता से विद्रोह करने को तैयार हो जाती हैं कि उनके अभिभावक रूढ़िवादी हैं। इसलिए उनकी आधुनिक सोच का विरोध कर रहे हैं। यहां मैं ऐसी युवतियों को स्पष्ट सलाह देना चाहूंगी कि किसी से प्रेम संबंध बनाने से पूर्व उस व्यक्ति को अच्छी तरह जांच लें कि वह आपके पवित्र प्रेम को पाने की योग्यता रखता है या नहीं। संभव है, आपकी दृष्टि में आपकी पसंद का युवक संसार का सबसे सच्चा प्रेमी हो, फिर भी अभिभावक उसकी सच्चाई पर प्रश्न-चिह्न लगाएं, तो एक बार अपने निर्णय पर पुनर्विचार अवश्य

करें। यह पुनर्विचार प्रेमिका बनकर नहीं, बल्कि स्वयं को प्रेम संबंध से तटस्थ रखकर करें। यदि फिर भी आपकी अपने प्रेमी के प्रति विश्वास में कमी नहीं आए, तो अभिभावकों के समक्ष अपना तर्कसंगत निर्णय रख सकती हैं। जीवन के महत्वपूर्ण फैसले भावुकता में नहीं करने चाहिए, अन्यथा जीवन-भर पश्चाताप की अग्नि में जलना पड़ सकता है।

आजकल महानगरीय युवाओं में गर्लफ्रेंड-ब्वायफ्रेंड बनाने का फैशन है। मॉड कहलाए जाने की ललक रखने वाले लड़के-लड़कियां गर्लफ्रेंड-ब्वायफ्रेंड बनने-बनाने में संकोच नहीं करते। हालांकि ऐसी सोच रखने वाले लड़के-लड़कियों दोनों को ही हानि होती है। दोनों ही अपने कैरियर के प्रति लापरवाह हो जाते हैं। वह अपना समय और शक्ति ऐसे व्यर्थ के संबंधों में बर्बाद कर देते हैं, परंतु इन संबंधों से अधिक नुकसान लड़कियों को उठाना पड़ता है। लड़के अकसर अपनी मित्र-मंडली में छः-सात गर्लफ्रेंड होने की डींगें हांकते हैं और लड़कियां अपना भावनात्मक शोषण करा बैठती हैं। यह भी सत्य है कि आजकल कुछ लड़कियां भी इन संबंधों को गहराई से नहीं लेतीं। उनके भी एक से अधिक ब्वायफ्रेंड होते हैं। जरा विचार करके देखिए, इस 'टाइमपास' खेल का लाभ क्या है? यह आधुनिकता नहीं है, बल्कि आधुनिकता के नाम पर अपने कैरियर को दांव पर लगाना है, फिर भारतीय समाज चाहे कितना ही दरियादिली क्यों न रखता हो, लेकिन किसी लड़के की कई गर्लफ्रेंड हैं, इस बात को तो हंसी में उड़ा देगा, लेकिन लड़की के कई ब्वायफ्रेंड हों, तो यह बात हजम नहीं होती। ऐसी लड़कियों को बदचलन और चालू की संज्ञा दे दी जाती है।

कच्ची उम्र की यह फ्रेंडशिप मात्र दिखावे और आधुनिक कहलाए जाने का ही परिणाम है। ये युवा दोस्ती की परिभाषा तक नहीं जानते। भले ही दोस्ती मात्र दिख़ावे के लिए की जाती है, लेकिन किशोरावस्था में विपरीत सेक्स के प्रति आकर्षण होना भी स्वाभाविक है। इस आकर्षण में बंधकर कई युवक-युवतियां ग़लत कदम उठा लेते हैं, जिसका खमियाजा उन्हें उम्र-भर भुगतना पड़ता है।

याद रखें, यदि आप उन्मुक्त व्यवहार को आधुनिकता का मापदंड समझ बैठे हैं, तो भारी भूल कर रहे हैं। मैं प्रेम संबंधों की विरोधी नहीं हूं, किंतु कच्ची उम्र का प्रेम केवल उन्माद ही होता है, जो थोड़े समय बाद स्वतः उतरना प्रारंभ हो जाता है। आजकल विभिन्न चैनलों पर दिखाए जाने वाले कार्यक्रम भी किशोरों तक के मन में हलचल पैदा करते हैं। 'वैलेंटाइन डे' पर अपने मित्र को कीमती उपहार देना, डेटिंग पर जाना युवाओं के मध्य साधारण-सी बात है, लेकिन यही डेटिंग कई बार बहुत महंगी पड़ जाती है। लड़के-लड़कियां पाश्चात्य सभ्यता का अनुकरण

करते हुए डेटिंग के नाम पर एकांत स्थानों में मिलते हैं और एकांत में चुंबन से प्रारंभ होकर सारी सीमाएं लांघते चले जाते हैं।

बदलते परिवेश में लड़कियों को घर की चारदीवारी में कैद करके नहीं रखा जा सकता, लेकिन जमाने की बुरी नज़र से बचने के लिए सजग तो होना ही पड़ेगा। कई ऐसे केस देखे गए हैं कि लड़की प्रेम-पाश में फंसकर प्रेम-पत्र लिख बैठती है और आयु-भर प्रेम-पत्रों के कारण ब्लैकमेलिंग का शिकार होती रहती है। घर से भागकर प्रेम-विवाह करने वाली युवतियां जब अपने प्रेमियों द्वारा ठग ली जाती हैं, तो उनकी वापसी के द्वार भी बंद हो चुके होते हैं। ऐसे में वे स्वयं को असहाय पाती हैं। कई बार मंदिर में शादी का नाटक करके युवक लड़कियों की आबरू तो लूट ही लेते हैं, साथ ही अश्लील चित्र खींचकर सदा के लिए अपने हाथों की कठपुतली बना लेते हैं। इसलिए लड़कियों को चाहिए कि प्रगतिशील तो बनें, मगर सजग रहना बेहद जरूरी है।

प्रतिज्ञा : हम प्रतिज्ञा करते हैं कि प्रगतिशीलता के गलत अर्थ निकालकर दिग्भ्रमित नहीं होंगे।

दुर्व्यसनों का शिकार न बनें

किसी भी तरह का नशा करने वालों को मैं दो श्रेणियों में विभाजित करती हूं। एक जो पलायनवादी प्रवृत्ति के लोग हैं। वे अपने गमों से भी भागते हैं और खुशियां भी सहन नहीं कर पाते। उनके अनुसार कभी वे गम भुलाने के लिए नशा करते हैं, तो कभी प्रसन्नता का इजहार करने के लिए। दूसरी श्रेणी में वे लोग आते हैं, जो महज फैशन या आधुनिकता की होड़ में व्यसन पाल लेते हैं। व्यसन तो व्यसन ही है। चाहे कैसी भी मानसिकता के कारण अपनाया गया हो, लेकिन अधिकतर ऐसे व्यसन दिखावे और आधुनिकता की होड़ के लिए ही अपनाए जाते हैं। किशोरावस्था में स्वयं को श्रेष्ठ सिद्ध करने की मानसिकता अकसर युवाओं को व्यसनों की ओर ले जाती है। इस आयु में जो नहीं है, उसके होने का दिखावा करना ही भारी पड़ जाता है। कहीं आप भी आधुनिकता की आड़ में व्यसनों का शिकार होकर अपने पांव पर कुल्हाड़ी तो नहीं मार रहे?

किशोरों तथा युवाओं के लिए शराब, पब, डिस्को व बार जाना एक फैशन हो गया है। इसे ही मॉडर्न लाइफ कहते हैं, जो समाज के लिए कड़वी हकीकत है। ऐसा नहीं है कि युवा नशे के दुष्परिणामों से रू-ब-रू नहीं हैं, लेकिन आधुनिक दिखने की ललक में वे इन हानियों को भी नज़रअंदाज करने के लिए तैयार हैं। उनके मन में आधुनिक दिखने की होड़ इस तरह छाई है कि महानगरीय पब और डिस्कोथिक की भीड़ का हिस्सा बनकर स्वयं को उच्च आधुनिक वर्ग में गिनने लगे हैं। भारतीय उच्चवर्ग और उच्च मध्यवर्ग की स्वीकृति ही पब और डिस्को को 'सामाजिक मूल्य' का दर्जा दे रही है। डिस्को में जाकर डांस करना आजकल 'प्रेस्टीज इश्यू' बनता जा रहा है। नववर्ष, दीवाली हो या वैलेंटाइन डे डी.जे. के शोर में नशे में थिरकते युवाओं के कदम जिस तथाकथित आधुनिकता की ओर बढ़ रहे हैं, उसका अंजाम वे सोच भी नहीं पाते। प्रारंभ में यह मॉडर्न पार्टी कलचर ही युवाओं को पीने-पिलाने के लिए उकसाती है। ऐसी पार्टी में आमंत्रित युवा यदि किसी प्रकार के नशे का आदी नहीं है, तो भी वह अपने आधुनिक उच्चवर्गीय

मित्रों का साथ देने के लिए एक पैग से प्रारंभ करते हुए उस भीड़ का हिस्सा बन जाता है, अन्यथा ऐसी पार्टी में वह सबसे अलग-थलग एक कोने में चुपचाप दिखेगा। संभवतः अपने मित्रों के मजाक का पात्र भी बन जाए।

दूसरी ओर विज्ञापनों की चकाचौंध भी किशोर उम्र को उस ग्लैमर की ओर आकर्षित करती है, जिसके लिए शराब, डिस्को और बार आधुनिकता की निशानी है। विभिन्न टी.वी. चैनल शराब को सांस्कृतिक मूल्य बनाने में महत्वपूर्ण भूमिका निभा रहे हैं। शराब के विज्ञापनों में लड़के और खूबसूरत लड़कियों को एक साथ हाथों में जाम लिए दिखाया जाता है, जिससे शराब किशोरों के लिए लड़कियों पर इंप्रेशन जमाने की अदा बनती जा रही है।

शादी के बाद मैं और मेरे पति दिल्ली के जाने-माने सिनेमाघर में फिल्म देखने गए। सिनेमाघर के परिसर में ही 'बार और रेस्तरा' है। इसका नाम मैं यहां नहीं लेना चाहूंगी। हम रेस्तरां में लंच करने चले गए, क्योंकि 'नरूला' आदि में काफी भीड़ थी। मुझे वहां यह देखकर आश्चर्य हुआ कि रेस्तरांनुमा बार में कम उम्र के लड़के-लड़कियां बेझिझक बीयर पी रहे थे। एक-दो युवाओं से बात की, तो उनका मत था कि वे 'एंजॉय' करने आए हैं, तो पूरी तरह ही क्यों न करें? यानी 'एंजॉयमेंट' के लिए नशा करना जरूरी है। दरअसल इलेक्ट्रानिक मीडिया ही डिस्को और पब की संस्कृति को बढ़ावा दे रहा है। टेलीविजन और अखबार भी शराब को सामाजिक मान्यता दिला रहे हैं। दिल्ली के कुछ अंग्रेजी अखबारों के शहर परिशिष्टों में ऐसी पार्टियों की जो तस्वीरें छपती हैं, उन्हें मीडिया विशिष्ट वर्ग का अथवा सेलिब्रिटीज़ प्रतिनिधि बताता है। इस विशिष्ट वर्ग के हाथों में शराब के प्याले होते हैं। इन पार्टियों में शहर के प्रसिद्ध उद्योगपति, मॉडल, फैशन डिज़ाइनर, ब्यूटीशियन से लेकर ख्याति प्राप्त कलाकार होते हैं। इस प्रकार मीडिया द्वारा इन लोगों की जो छवि बनती है, वह किशोरों को भी इनका अनुसरण करने के लिए उकसाती है।

एक प्रसिद्ध दैनिक समाचार-पत्र के संवाददाता, जो उस दैनिक के लिए नियमित कॉलम भी लिखते हैं, इस विषय में बताते हैं, पिछले वर्ष हमारे अखबार की ओर से एक टीम नववर्ष की शाम का दौरा करने निकली। हालांकि उस टीम में मुझे नहीं जाना था, लेकिन मैं अपना काम खत्म कर चुका था, फिर नववर्ष की शाम थी, तो सोचा कि मैं भी इस टीम के साथ ही निकल जाऊं, कुछ नए अनुभव ही मिलेंगे। हम लोग शाम को छः बजे से लेकर रात के डेढ़ बजे तक दिल्ली के छोटे-बड़े रेस्तरां, फार्म हाउस और होटलों में घूमते रहे। आप यकीन मानिए, युवावर्ग में नववर्ष को लेकर इतना जोश पहले नहीं होता था। हमने देखा कि महानगर का उच्चवर्ग और उच्च-मध्यवर्ग तो शराब और डिस्को के ग्लैमर में इतना अंधा है कि शब्दों

में बयान करना कठिन है। हमने होटलों के मैनेजरों से बात की, तो उन्होंने बताया कि क्रिसमस से लेकर नववर्ष की रात तक लगातार रोज उनके हॉल ऐसी पार्टियों के लिए बुक रहते हैं और इन दिनों उन्हें सुरक्षा हेतु अतिरिक्त सिक्योरिटी गार्ड तैनात करने पड़ते हैं, क्योंकि युवावर्ग पीकर कुछ-न-कुछ हंगामा तो कर ही देता है।

जहां उच्चवर्ग के लड़के-लड़कियां बड़े-बड़े रेस्तरां और फार्म हाउसों में नशीली रात बिता रहे थे, वहीं मध्यवर्गीय लड़के-लड़कियों ने सार्वजनिक पार्कों में डी.जे. लगा कर कंट्रीब्यूट्री पार्टी आयोजित कर रखी थी। इनका उद्देश्य मात्र यही था कि ये लोग भी उच्चवर्गीय आनंद लेना चाहते थे, मॉडर्न दिखना चाहते थे। हमारे सामने ही एक-दो जगह पुलिस ने छापा मारकर ऐसी डी.जे. पार्टियों में शराब पीकर अनुचित व्यवहार करते युवाओं को पकड़ा और उन्हें अपना नया साल जेल की सलाखों के पीछे मनाना पड़ा। वैसे देखा जाए, तो हम इन सबके लिए मीडिया को दोषी ठहराते हैं, लेकिन क्या इन युवाओं के अभिभावकों का कोई दोष नहीं है, जो अपने बेटे-बेटियों को रात-भर घर से बाहर रहने की छूट दे देते हैं? मैं एक ऐसे परिवार को जानती हूं, जहां पिता पुत्र की अनुचित हरकतों को मात्र यह कहकर टाल देते हैं कि "यह मेरी बात नहीं मानता, जब ठोकर लगेगी, तो स्वयं समझ जाएगा।" पुत्र के रात को घर से बाहर रहने, सिगरेट पीने पर वह दुखी तो होते हैं, मगर कठोरता से रोकते नहीं। मैं इन महाशय से पूछना चाहूंगी कि यदि आपका बेटा आपके सामने कुएं में छलांग लगाने को उद्यत हो, तो क्या तब भी आप इतनी ही सरलता से शांत बैठे रहेंगे? यदि आपका पुत्र फांसी का फंदा गले में डालने लगा हो, तो क्या तब भी आप यही कहेंगे कि यह मेरी बात नहीं मानता? नहीं, आपको पता है कि अगर आप ठोकर लगने की प्रतीक्षा करेंगे, तो बहुत देर हो चुकी होगी। अब भी आप यही कर रहे हैं। आपकी आज की अनिश्चितता कल की चिंता का कारण बन सकती है। जिस ठोकर का आप इंतजार कर रहे हैं, वह जीवनभर की सजा देने वाली भी हो सकती है।

निश्चित रूप से मीडिया के साथ-साथ अभिभावक भी दोषी हैं। तथाकथित उच्चवर्गीय अभिभावक आधुनिकता के नाम पर स्वयं किसी डिस्को पार्टी का हिस्सा बने होते हैं, वे अपनी संतान को क्यों रोकने लगे? और उच्चवर्गीय रईसजादे, मध्यवर्गीय युवाओं को आकर्षित करते हैं। मध्यवर्गीय युवा अपने अभिभावकों की आंखों में धूल झोंककर आधुनिक दिखने के चक्कर में व्यसनों का शिकार हो जाते हैं। देखा जाए, तो समाज का उच्चवर्ग आधुनिकता के जो मानक तय कर रहा है और उसे संपूर्ण समाज पर थोपने का प्रयास कर रहा है, वह चिंता का विषय है। स्थिति यह है कि इस तथाकथित आधुनिक वर्ग के इस रंग में रंगने से इनकार करने

वाला व्यक्ति उस समाज में 'आउटडेटेड' घोषित कर दिया जाता है। यही कारण है कि मध्यमवर्गीय युवा उच्चवर्ग की घटिया पसंद का भी अनुकरण कर रहा है।

लेकिन विचारणीय तथ्य यह है कि ऐसे आधुनिकीकरण का परिणाम क्या होगा? यदि आप आधुनिकता के नाम पर व्यसन पालते हैं, तो आपका भविष्य ही अंधकारमय होगा। जबकि उच्चवर्गीय युवा अपने जमे जमाए बिजनेस में एडजस्ट हो जाएगा, उसे सिर्फ इतना फर्क पड़ेगा कि वह अपने व्यसनों के कारण धीरे-धीरे पतन की ओर उन्मुख होगा और मध्यमवर्ग की श्रेणी में फिर भी स्थान पा लेगा, लेकिन मध्यमवर्गीय युवा व्यसन पालकर वहां से पतन की ओर चलता हुआ निम्न श्रेणी का नागरिक बनकर रह जाएगा। आधुनिकता के ऐसे मापदंड तो पूर्णतः ग़लत हैं, जो आपको उन्नति के स्थान पर पतन की ओर ले जाएं।

इस संदर्भ में मेरे एक पत्रकार मित्र विचार प्रकट करते हुए कहते हैं, आजकल महानगरीय संस्कृति में नशा आधुनिकता का चिह्न माना जाने लगा है। कोई जितना महंगा नशा करता है, उसे उतने ही 'माडर्न' की संज्ञा दे दी जाती है। कुछ माह पूर्व दिल्ली में कोकीन की अंतर्राष्ट्रीय तस्करी ने समाज के उच्चवर्ग में फैली नशाखोरी की पोल खोल दी। होटल हंस प्लाजा का मालिक नीरज वडेरा कोकीन के साथ पकड़ा गया। आजकल प्रसिद्ध मॉडल, उद्योगपति, फिल्मी हस्तियां, फैशन डिजाइनर, स्मार्ट बिज़नेस, मनोरंजन तथा कुछ हद तक कलाओं से जुड़े लोगों के बीच नशीले पदार्थों का सेवन लोकप्रिय हो रहा है। समाज का शोहरत प्राप्त तबका नशों में खोया हुआ है और मीडिया द्वारा प्रचारित हो रहा है। ड्रग्स की विशेष बात देखिए कि इनका नशा बंद कमरे में नहीं, बल्कि डिस्कोथिक या नाइट क्लबों में धड़ल्ले से प्रयोग में लाया जाता है, क्योंकि ऐसे सार्वजनिक स्थानों में सभी लोग नशा कर रहे होते हैं और कोई किसी को टोकने वाला नहीं।

ड्रग्स आजकल उच्चवर्ग का स्टेटस सिम्बल बनता जा रहा है। कोकीन, हेरोइन, स्मैक, चरस तथा नशीली पिल्स जैसे ढेरों नशे करने वालों की अपनी एक अलग ही दुनिया है। इसके सेवन से कुछ क्षणों के लिए यौन उत्तेजना बढ़ती है। धनीवर्ग के बिगड़े युवा इसमें यौन आनंद ढूंढ़ते हैं। कोकीन या हेरोइन का नशा 10 से 12 घंटों तक रहता है। इसके बाद हताशा होने लगती है, शरीर टूटने लगता है। परिणामतः इसका दोबारा सेवन करने की इच्छा जागती है। पिछले दिनों दिल्ली पुलिस ने एक अफगानी नग़ीबुल्लाह उर्फ अली को ड्रग्स की तस्करी के जुर्म में गिरफ्तार किया था। तब एक बात और सामने आई थी कि एक महिला केवल आधा ग्राम नशीले पदार्थ के लालच में अपनी बेटियों को नग़ीबुल्लाह के साथ मौज मस्ती के लिए भेज देती थी। कोकीन या हेरोइन एक महंगा नशा है। दिल्ली जैसे

महानगर में यह तीन से चार हजार रुपए प्रति ग्राम मिल जाती है और मुंबई में ढाई से तीन हजार रुपए प्रति ग्राम मूल्य लिया जाता है। अच्छा होता कि धनिक वर्ग ही यह नशा पालता, लेकिन अब तो इस नशे का रोग मध्यम वर्ग में भी फैल गया है। यहां तक कि मेहनतकश लोग तो इससे तबाह हो रहे हैं या मौत की नींद सो रहे हैं। कोकीन या हेरोइन के लगातार सेवन से दिल का दौरा और स्थायी मानसिक अपंगता भी आ सकती है।

युवाओं को संकल्प लेना चाहिए कि वे आधुनिक दिखने के लिए किसी भी प्रकार के नशे का सेवन न करें। युवाओं का यह तर्क कि 'फॉर कंपनी सेक' सब कुछ करना पड़ता है, बिल्कुल बेबुनियाद है। अगर आपको अपने कार्य के लिए ऐसी संगति में बैठना पड़ रहा है, जहां सभी पियक्कड़ हैं, तो आप ऐसे में सॉफ्ट ड्रिंक का सहारा ले सकते हैं। शुरू-शुरू में लोग आपको पीने के लिए उकसाएंगे, लेकिन जब उनके प्रयास असफल हो जाएंगे, तो वे आप पर दबाव नहीं डालेंगे। इतना याद रखें कि कोई व्यक्ति किसी को जबरदस्ती नशा नहीं करवा सकता। जब भी कोई युवा या किशोर बहकता है, तो अपनी कमजोरियों के कारण ही। आप दृढ़ हैं और चट्टान की तरह अड़े हैं, तो कोई भी आपको हिला नहीं सकता।

आधुनिकता के नाम पर ड्रग या अन्य मादक पदार्थों का सेवन करने वाले युवाओं से मैं पूछना चाहूंगी कि क्या नशीले पदार्थ लेकर वे स्वयं को दूसरों से श्रेष्ठ सिद्ध कर सकते हैं? क्या नशा किसी भी प्रकार से स्वास्थ्य वर्द्धक साबित हो सकता है? क्या आप अपने किसी प्रिय व्यक्ति को, अपनी बहन या भाई को या अपनी संतान को नशा करने की सलाह दे सकते हैं? क्या आप सोच सकते हैं कि आपके अभिभावक या गुरु या आपका कोई भी शुभचिंतक आपको नशा करने पर शाबाशी देगा? इन सब प्रश्नों के उत्तर नकारात्मक ही हैं। लगातार नशा करने का आदी व्यक्ति भी कभी नहीं चाहेगा कि उसका पुत्र या पुत्री नशा करे, क्योंकि वह नशे से होने वाले नुकसानों से अच्छी तरह परिचित है। नशा करने का सबसे बड़ा नुकसान तो यह है कि इसका शौक या दिखावे के लिए इसका प्रयोग करने वाला व्यक्ति भी धीरे-धीरे इसका आदी हो जाता है।

एक कॉलेज के छात्र ने बताया कि अगर वह कॉलेज के अन्य छात्रों के साथ पार्टी वगैरह में नहीं जाएगा, तो पिछड़ जाएगा। आज का समाज माडर्न है, लेकिन अभिभावक उतने माडर्न नहीं हैं, इसलिए वे अपने बच्चों को रात में होने वाली डिस्को पार्टियों में भी जाने से रोकते हैं। इस छात्र ने अपना नाम प्रकाशित न करने की शर्त पर अन्य भी बहुत-सी बातें बताईं, जैसे वह रात को पार्टियों में जाता है, लेकिन घर में उसे झूठ का सहारा लेना पड़ता है, क्योंकि उसके अभिभावक उसे नाइट पार्टी

में जाने की कभी इजाजत नहीं देंगे। उसी के शब्दों में, "मैं शाम को यह कह कर घर से निकलता हूं कि दोस्त के घर पढ़ने जा रहा हूं, फिर रात को नौ बजे के करीब फोन करके कह देता हूं कि मेरा थोड़ा-सा काम और बाकी है। एक घंटा और लगेगा। अगर आप इजाजत दें, तो मैं अपने दोस्त के घर रुक जाऊं, तब मम्मी तुरंत 'हां' कर देती हैं।"

इस पर मैंने इस युवक से पूछा कि क्या पार्टियों में लड़कियां भी आती हैं? उसने हां में सिर हिलाया। मैंने उससे पूछा कि क्या वह पसंद करेगा कि उसकी बहन भी नाइट पार्टी में जाकर डिस्को करे? अब उसके पास कोई उत्तर नहीं था। मैं आप से भी यही कहना चाहूंगी कि जिस कार्य को करने के लिए आप अपनी बहन, बेटी या किसी भी आत्मीय जन को हार्दिक सहमति नहीं दे सकते, तो स्पष्ट है कि आपका मन भी इस कार्य को ग़लत समझता है, फिर आप चाहे कितने भी प्रयासों से अपने मन को उस कार्य के प्रति सकारात्मक तर्क देकर पक्ष में कर लें, वह कार्य अनुचित ही है।

मेरा छोटा भाई अमन मीडिया एंड कम्यूनिकेशन का कोर्स कर रहा है। वह भी तथाकथित हाई एवं माडर्न सोसाइटी में जाता है। उसने बताया कि उसके मित्र के पिता वीकेंड (सप्ताहांत) में पुत्र के साथ बैठकर बीयर पीते हैं। इसी तर्क पर वह मुझसे कह रहा था कि बीयर में नशा नहीं है। बीयर बुरी चीज नहीं है, क्योंकि बुरी होती, तो पिता अपने पुत्र को क्यों पिलाते? जब उसने यह बात कही, तो मैंने अमन से यही पूछा कि क्या वह लड़का दूसरे लड़कों के साथ बैठकर बीयर पीता है? तो अमन का उत्तर था, नहीं, उसका कहना है कि उसे सिर्फ अपने पापा के साथ ही बीयर पीने में मजा आता है।

मैंने अमन से उसके उस मित्र को चाय पर बुलाने के लिए कहा। अगले ही सप्ताह वह मेरे सामने था। मैंने उससे कई इधर-उधर की बातें की और बातों-ही-बातों में अपने विषय पर आ गई। मुझे यह जानकर प्रसन्नता हुई कि मेरा अंदाजा बिल्कुल सही था। उस युवक ने स्वीकार किया कि यदि वह ऐसा बहाना नहीं बनाए कि अपने पिता के साथ बीयर पीता है, तो उसके कॉलेज के हाई सोसाइटी के मित्र उसे पीने के लिए उकसाएंगे। न पीने पर उसे 'पिछड़ा हुआ', 'बोरिंग' या और कोई ऐसी ही उपाधि दे देंगे। वह अपने मित्रों का साथ भी नहीं छोड़ना चाहता और कोई ग़लत आदत भी नहीं अपनाना चाहता, इसलिए उसने ऐसा बहाना बनाया है। अब जो कुछ दिन पहले मेरा भाई बीयर का समर्थन कर रहा था, मुझसे नज़रें छिपाने लगा। दरअसल सोलह से बीस वर्ष की आयु भटकाव की मानी जाती है। उम्र के इस नाजुक दौर में आधुनिकता की चाह में ग़लत दिशा में भी कदम बढ़ाने

की संभावना सबसे अधिक होती है। ऐसे में यदि अभिभावक, गुरु, अच्छा मित्र या अच्छी पुस्तक सही मार्गदर्शन करे, तो भटकाव से बचा जा सकता है। आधुनिक होने में बुराई नहीं, बल्कि नए ज़माने में माडर्न बनकर रहना आज की आवश्यकता है, लेकिन आधुनिकता के नाम पर व्यसन पालना किसी भी दृष्टि से उचित नहीं हो सकता।

एक 19 वर्षीय नवयुवक गौरव ने मेरी पहली पुस्तक 'साहस और आत्मविश्वास' पढ़ कर मुझे पत्र लिखा और मिलने का समय मांगा। मैंने रविवार को उसे समय दे दिया। वह दिल्ली का था। रविवार की सुबह-सुबह वह हमारे घर पहुंच गया। वह पुस्तक से काफी प्रेरित हुआ था। इसी का आभार व्यक्त करना चाहता था। उसने बताया कि उसके मौसा इसी शहर में रहते हैं और वह कभी-कभी यहां आता रहता है। उसने स्वयं ही कह दिया कि वह अगली बार जब अपने मौसा से मिलने आएगा, तो मुझसे भी अवश्य मिलेगा। मेरा निवास दिल्ली के पड़ोस फरीदाबाद में स्थित है। इसके बाद वह दो बार हमारे यहां आया। मैंने उससे उसके घर-परिवार के विषय में पूछा, तो उसने बताया कि उसके घर में मम्मी-पापा और उसकी छोटी बहन है। वह स्नातक के प्रथम वर्ष का छात्र है और कॉलेज जाता है। बातों-ही-बातों में उसने बताया कि उसके कॉलेज के कई लड़के बीयर पीते हैं। वह स्वयं भी कई बार बीयर पी लेता है। यह सुनकर मुझे हैरानी हुई कि उसके कॉलेज की कैंटीन में ही बीयर मिलती थी। उसके अनुसार बीयर शराब नहीं है। उससे नशा नहीं होता। मेरे यह पूछने पर कि यदि नशा नहीं होता, तो पीते क्यों हो? तो उसने मुझसे ही प्रश्न कर दिया, "आप कोक क्यों पीती हैं?"

उस समय मैंने उससे इस विषय पर बहस करना उचित नहीं समझा, लेकिन इस संदर्भ में मैं इतना ही कहना चाहूंगी कि कोई भी बड़ी बुराई हम सीधे नहीं अपनाते। पहले हम उसके छोटे रूप को अपनाते हैं, फिर बड़े रूप को। यदि आप मात्र फैशन के लिए बीयर लेते हैं, तो फैशन के लिए शराब लेने में भी आपको कोई आपत्ति नहीं होगी। मेरे इस तथ्य की पुष्टि भी गौरव की बातों से ही हो गई। गौरव ने ही बताया, "मेरे एक मित्र के कॉलेज में दो लड़के सिगरेट पीते थे। मेरे मित्र की उनसे दोस्ती हो गई। वह भी दिखावे के लिए सिगरेट पीने लगा। एक दिन वे लड़के सिगरेट में चरस भरकर पी रहे थे और उन्होंने मेरे उस मित्र को भी चरस भरकर पीने के लिए कहा। मेरे मित्र ने स्पष्ट मना कर दिया। दरअसल हम दोनों एक ही स्कूल में पढ़ते थे और स्कूल में हमारी एक अध्यापिका कक्षा में अकसर कॉलेज में जाकर स्मैक, चरस, गांजा आदि से बचने की बातें करती थी। बाद में हमें पता चला कि उस अध्यापिका का बेटा कॉलेज में जाकर ग़लत संगति में पड़ गया था। हमारी कक्षा के सभी विद्यार्थी इस बात के लिए तो पक्के हो गए थे

कि कॉलेज जाकर ऐसी ग़लत संगति में नहीं पड़ेंगे, लेकिन वे दोनों लड़के रोज मेरे मित्र के सामने सिगरेट में नशीला पदार्थ भर कर पीते और उसे भी उकसाते। एक दिन उनमें से एक लड़के ने मेरे मित्र को सिर्फ एक 'कश' लगाने के लिए कहा। उसने एक कश लगाया, तो उसे अच्छा लगा। एक-एक कश करते हुए आज वह भी सिगरेट में नशा भर कर पीता है।

यहां मैं गौरव के माध्यम से आप सबको एक पैग़ाम देना चाहती हूं– प्रिय गौरव, मैं तुमसे तुम्हारी कही बात ही दोहराना चाहती हूं कि जैसे तुम्हारे मित्र ने सिगरेट के एक कश से शुरुआत की और भारी नशे तक पहुंच गया, कहीं तुम भी बीयर से शुरू करके शराब तक मत पहुंच जाना। वैसे तो यह तुम्हारा व्यक्तिगत मामला ही है, लेकिन तुम मेरी आत्म-विकास पर लिखी पुस्तकें पढ़ते हो, तो यह निश्चित है कि तुम अपने व्यक्तित्व में निखार लाना चाहते हो। यदि ऐसा चाहते हो, तो नशे से दूर रहो, क्योंकि इससे व्यक्ति विवेक खो देता है और विवेकहीन व्यक्ति कभी प्रभावशाली व्यक्तित्व का स्वामी नहीं बन सकता।

अभी कुछ दिन पूर्व ही मैंने सार्वजनिक पार्क में तीन लड़कों को देखा। इनमें से दो सिगरेट पी रहे थे और तीसरे को कह रहे थे, "यार, तू किस जमाने का लड़का है। सिगरेट पीने से कुछ नहीं होता। जिंदगी में कुछ बनना है, तो मॉडर्न जमाने के साथ चलना पड़ेगा, वरना पढ़-लिख कर भी बेरोजगार घूमने वालों की संख्या कम नहीं।" मैं वहां ज्यादा देर नहीं रुकी, क्योंकि संध्या का समय था और उस समय वे ऐसी मनःस्थिति में नहीं थे कि मेरे द्वारा रोकने का उन पर कोई प्रभाव पड़ता, लेकिन उनके शब्द कि 'मॉडर्न जमाने के साथ चलना पड़ेगा' मेरे मस्तिष्क में बहुत दिनों तक गूंजते रहे और मैं सोचने पर विवश हो गई कि मॉडर्न जमाने में सिगरेट पीकर कौनसी सफलता हासिल की जा सकती है?

अभी यह घटना बीते कुछ ही दिन हुए थे कि एक सिगरेट के विज्ञापन में लिखा था कि 'सिगरेट पीएं, याददाशत बढ़ाएं'। हालांकि इस विज्ञापन के अंत में छोटे-छोटे शब्दों में यह भी लिखा था कि 'सिगरेट पीना स्वास्थ्य के लिए हानिकारक है'। कैसा विरोधाभास है यह! शायद इन्हीं सब बातों ने मुझे यह पुस्तक लिखने का विचार दिया है। उन्हीं दिनों मेरे पुत्र का जन्म हुआ और मेरी एक डॉक्टर मित्र मुझसे मिलने आई। किसी बात के संदर्भ में उसने कहा, "तुम बहुत भुलक्कड़ होती जा रही हो", तो मेरे मुंह से मजाक में निकल गया, "चलो, कोई बात नहीं। याददाशत बढ़ाने के लिए मैं सिगरेट पीना शुरू कर दूंगी।" मेरे मुंह से ऐसी बात सुनकर वह एकाएक चौंक गई और उसने सिगरेट के विषय में लंबा भाषण दे डाला, सिगरेट, बीड़ी, तंबाकू, गुटखा, पान मसाला, जर्दा आदि स्वास्थ्य के दुश्मन

हैं। हर 10 सेकंड में तंबाकू सेवन से एक व्यक्ति की मृत्यु हो रही है। सिगरेट के एक कश के साथ लगभग 4000 विषैले रासायनिक पदार्थ शरीर में प्रवेश कर जाते हैं। जिनमें से अधिकांश कैंसर जनित होते हैं। सिगरेट के धुएं में टार, निकोटीन, अमोनिया, एसिटेलाडिहाइड, हाइड्रोजन, कार्बन- मोनोऑक्साइड, कैडियम, नाइट्रोजन डाइऑक्साइड आदि विषैली गैसें होती हैं, जो मुख व श्वसन-तंत्र के माध्यम से रक्त में पहुंचकर उसे दूषित करती हैं। टार फेफड़ों के कैंसर का कारण बनती है। सिगरेट के धुएं में उपस्थित बैंजोएपाइरीन भी कैंसर जनक पदार्थ है। धूम्रपान करने वाले व्यक्ति के रिफ़्लेक्सेज शिथिल पड़ जाते हैं। सिगरेट पीने वाले लोग अपने स्वास्थ्य के साथ तो खिलवाड़ करते ही हैं, अपने बच्चों और साथ रहने वाले अन्य सदस्यों को भी पैसिव स्मोकिंग करवा देते हैं। सिगरेट पीने वालों का धुआं जब किसी दूसरे के शरीर में प्रवेश करता है, तो उसे पैसिव स्मोकिंग कहते हैं।

सिगरेट की इतनी हानियों का तो मुझे भी ज्ञान नहीं था। मैंने पूछ लिया कि क्या सिगरेट पीने के कोई लाभ भी हैं? तो डॉक्टर साहिबा ने बताया, ''सिगरेट के एक कश के 10 सेकंड के बाद ही निकोटीन का प्रभाव दिमाग पर होने लगता है। मानसिक तनाव की स्थिति में यह अस्थायी राहत पहुंचाती है। निकोटीन नर्वस सिस्टम के प्लेजर्स सेंटर को उत्तेजित कर देती है, जिसके परिणामस्वरूप सिगरेट पीने वाला अस्थायी मानसिक और शारीरिक स्फूर्ति अनुभव करता है। यह सच है कि निकोटीन से याददाशत बढ़ती है, लेकिन याददाशत बढ़ाने के लिए कैंसर को आमंत्रण देना कहां तक उचित है?''

ठीक ही तो है, आधुनिक दिखने के चक्कर में हम सिगरेट जैसे जानलेवा व्यसन पाल लें, तो हमसे अविवेकी व्यक्ति कोई दूसरा नहीं होगा। यदि हम सिगरेट छोड़ो अभियान चलाएं, तो सिगरेट पीने वालों के बजाए ज्यादा आधुनिक दिखेंगे। नशा करने के बजाए सामाजिक दायित्व को कार्यान्वित करके आप अधिक आधुनिक बन सकते हैं और समाज से सम्मान भी पा सकते हैं। बस, आधुनिकता के थोड़े मापदंड बदल कर देखिए, आपके आधुनिक होने में आपका और समाज दोनों का भला होगा।

दरअसल समाज का उच्चवर्गीय तबका इन व्यसनों को ही आधुनिक होने का परिचायक मानने लगा है। आजकल कैफे में जाना भी आधुनिकता की निशानी माना जाने लगा है। युवावर्ग में चैटिंग का क्रेज भी दिन पर दिन बढ़ता जा रहा है। चैटिंग में बुराई नहीं है। इंटरनेट के जरिए देश-विदेश की सैर की जा सकती है। ज्ञान बढ़ाया जा सकता है, लेकिन युवावर्ग ज्ञान बढ़ाने के बजाए इसे भी व्यसन के रूप में पालते हैं।

यह तो सही है कि आधुनिक तकनीकी ज्ञान होना आधुनिक बनने के लिए जरूरी है, लेकिन उस ज्ञान के ग़लत प्रयोग को तो उचित नहीं कहा जा सकता। इंटरनेट के जरिए देश-विदेश में नौकरी मिल सकती है। अपने विषय की वेबसाइट खोलकर जानकारी प्राप्त की जा सकती है, लेकिन इस आधुनिक उपलब्धि का ग़लत प्रयोग करके समय, धन और उर्जा की बर्बादी ही होती है।

आधुनिक व्यवस्था में मनोरंजन के भी आधुनिक तरीके उपलब्ध हैं। वर्तमान प्रदूषित समाज में मनोरंजन के लिए भी विवेकशील सोच की जरूरत है। ग़लत तरीके से, अधिक धन व्यय करके मनोरंजन करना युवाओं में उनकी शान का मुद्दा हो सकता है, लेकिन ऐसी शान मानसिक कुंठाओं को जन्म देती है। मनोरंजन के नाम पर यौन भावनाओं को उत्तेजित करने वाला मनोरंजन 'सेक्स आन लाइन' सुविधा है, जो युवाओं को आकर्षित कर उनका चरित्र हनन करने में सबसे आगे है। कई ऐसी वेबसाइट हैं, जिन पर मौजमस्ती के लिए लड़के-लड़कियां उपलब्ध करवाए जाते हैं। पिछले दिनों 'तमिल सेक्स डॉट कॉम' और 'डेहली गर्ल्स डॉट कॉम' नाम से वेबसाइट की जांच से यह तथ्य सामने आया था। कंप्यूटर आधुनिक सूचना तकनीक का महत्वपूर्ण यंत्र है। वर्तमान दौर में कंप्यूटर शिक्षा का अनिवार्य अंग बनता जा रहा है, लेकिन कंप्यूटर के माध्यम से ही युवा अपनी कुत्सित भावनाओं की पूर्ति करने का साधन बना रहे हैं।

स्केटोलोबिया भी कम प्रचलित नहीं। फोन पर सेक्सी बातें कर युवा अपना समय ही नहीं, धन का भी अपव्यय करते हैं। अश्लील साहित्य और ब्ल्यू फिल्में भी मनोरंजन के नाम पर अपने दुष्चक्र में युवाओं को दिग्भ्रमित कर उनका मानसिक शोषण करती हैं। शहरों में ही नहीं, गांवों में भी अब ऐसे मनोरंजन उपलब्ध हो रहे हैं। इन उपलब्धियों को हम प्रगतिशील समाज की विसंगतियों की ही संज्ञा देंगे। युवाओं को चाहिए कि इन आधुनिक मोहपाशों से स्वयं को बचाए रखें।

आधुनिक अभिभावकों को चाहिए कि अपनी युवा होती संतान को सेक्स संबंधी जानकारी अवश्य दें। इस पुरानी सोच को दरकिनार करें कि बच्चे स्वयं अपने मित्रों से जानकारी हासिल कर लेंगे या आजकल बच्चे टीवी देखते हैं, इसलिए उन्हें सब कुछ पता है। दरअसल इलेक्ट्रॉनिक मीडिया किशोरों की आवश्यकताओं को पूरी तरह नज़रअंदाज करते हुए उन्हें सही जानकारी नहीं दे रहा। अधिकतर चैनल हिंसा और अश्लीलता दिखाकर किशोरों का पथ भ्रष्ट ही कर रहे हैं। मीडिया द्वारा सेक्स संबंधी जो जानकारी किशोरों तक पहुंच रही है, पूरी तरह अधकचरी ही है। मित्रों से प्राप्त ज्ञान भी अधूरा ही होता है, क्योंकि मित्र तो स्वयं ही अज्ञानता से जूझ रहे हैं। किशोर-युवा सेक्स संबंधी सही तथ्यों की जानकारी की अपेक्षा कल्पना

आधारित ज्ञान ही एक-दूसरे में प्रचारित करते हैं। आज मीडिया ने युवाओं की उलझनें बढ़ाई ही हैं। मीडिया मात्र विपरीत लिंग के प्रति आकर्षण को हवा दे रहा है। परिणामतः उनमें यौन कुंठाएं जन्म लेती हैं और वे भटक जाते हैं। राष्ट्रीय स्वास्थ्य एवं परिवार कल्याण संस्थान द्वारा 15 से 24 वर्ष की आयु के बीच के किशोरों और युवाओं पर किए गए एक अध्ययन के अनुसार 50 प्रतिशत अश्लील फिल्में और पोर्नोग्राफी की पत्रिकाएं देखते हैं और 50 प्रतिशत को गर्भनिरोधक की जानकारी नहीं है। इस अध्ययन के अनुसार 15 प्रतिशत युवाओं ने स्वीकार किया है कि उनके विवाह पूर्व यौन संबंध हुए हैं और 51 प्रतिशत, जो विवाह पूर्व ऐसे संबंध बना चुके हैं, चेनस्मोकर और नशे के आदी पाए गए। इस सर्वेक्षण से एक बात स्पष्ट है कि यह पीढ़ी जानकारी के अभाव में ही भटक रही है।

प्रतिज्ञा : हम प्रतिज्ञा करते हैं कि आधुनिक ग्लैमर की चकाचौंध से आकर्षित होकर किसी भी प्रकार का व्यसन नहीं पालेंगे।

नशा मुक्ति केंद्र के डॉक्टरों से साक्षात्कार

नशा एक ऐसा जहर है, जो व्यक्ति को धीरे-धीरे खत्म करता है। जब कोई व्यक्ति हद से ज्यादा नशे का आदी हो जाए और अथक के प्रयासों के बावजूद नशे के चंगुल से स्वयं को मुक्त न कर पाए, तो एक ही रास्ता बचता है, वह है नशा मुक्ति केंद्र की सहायता लेना। आइए, एक 'नशा मुक्ति केंद्र' में कार्यरत डॉक्टरों की राय जानें कि वे इस संदर्भ में क्या विचार रखते हैं।

'नशा मुक्ति केंद्र' रेडक्रास में कार्यरत डॉक्टर के. चक्रवर्ती के अनुसार, ज्यादातर नशे की आदत किशोरवय में प्रारंभ होती है और व्यक्ति नशे में अपना जीवन बर्बाद कर बैठता है। सबसे पहले जानना जरूरी है कि नशा किसे कहते हैं? देखा जाए तो कोई भी औषधि जब बिना प्रयोजन प्रयोग में लाई जाए, तो वह नशा ही है। नशे के कई प्रकार हैं। मुख्यतः सिगरेट, शराब, तंबाकू, अफीम, चरस, गांजा, हेरोइन, स्मैक आदि। इधर लोग दवाइयों को भी नशे के रूप में प्रयोग में ला रहे हैं। पिछले दिनों आयोडेक्स और मूव जैसी दवाइयों को ब्रेड पर लगाकर खाने वाले कई किशोरों के किस्से सामने आए। इन दिनों सफेद फ्लूड को रूमाल में डालकर सूंघने के मामले प्रकाश में आ रहे हैं। हाल ही में खांसी, कफ़ आदि के प्रयोग में आने वाली दवाइयां भी नशे के रूप में लेने की बात सामने आई है। खैर, नशा कैसा भी हो, करता नुकसान ही है। अब दूसरा प्रश्न है कि नशा करने के कारण क्या हैं? व्यक्ति नशा क्यों करता है? नशा करने के कई कारण हो सकते हैं, जैसे दिखावे के लिए, शौक के तौर पर, तनाव होने पर या बुरी संगति के कारण। ज्यादातर नशा बुरी संगति की ही देन है। तीसरा प्रश्न है कि नशा करने से कैसा महसूस होता है? कुछ नशे मस्तिष्क को सुला देते हैं, कुछ अवसाद पैदा करते हैं, कुछ मस्तिष्क को ऊपर घुमाते हैं, कुछ जोश पैदा करते हैं। कुछ नशे थोड़े समय तक ही असर करते हैं। कई नशे ऐसे हैं कि एक बार सेवन करने पर उनका असर

24 घंटे तक रहता है। डॉक्टर साहब के अनुसार नशे की आदत छुड़ाने का तरीका है कि नशा करने वाला स्वयं यह निश्चय करे कि नशा बुरी चीज है और उसके मन में नशा छोड़ने की दृढ़ इच्छा शक्ति पैदा हो जाए। कुछ नशे तो व्यक्ति स्वयं दृढ़ निश्चय से छोड़ सकता है, लेकिन अति नशे की लत से ग्रस्त व्यक्ति की स्थिति उस चूहे जैसी हो जाती है, जो पिंजरे में फंस गया है और स्वयं बाहर नहीं आ सकता। कोई दूसरा व्यक्ति पिंजरा खोले, तभी वह बाहर आ पाएगा। यह दूसरा व्यक्ति नशा मुक्ति केंद्र हो सकता है, क्योंकि ऐसे केंद्रों में दवाइयों के साथ-साथ व्यक्ति को पहले मानसिक तौर पर ही नशा मुक्त के लिए तैयार कर लेते हैं। डॉक्टर साहब की इजाजत से कुछ नशे के रोगियों से भी बातचीत करने का अवसर मिला। वे नशा छोड़ना चाहते थे। ज्यादातर रोगियों का मानना था कि उन्हें पता ही नहीं चला कि कब नशा उनकी जरूरत बन गया। उन्होंने शुरू-शुरू में नशा केवल शौक के लिए ही प्रारंभ किया था।

इसी नशा मुक्ति केंद्र में कार्यरत मनोविशेषज्ञा डॉक्टर आशा शर्मा के अनुसार, अभिभावकों को चाहिए कि युवा होती संतान पर नज़र रखें। उनकी गतिविधियों और उनके मित्रों की आदतों पर भी विशेष ध्यान दें। ग़लत संगति से बचाने के प्रयास करें। ग्लैमर की चकाचौंध भरे अंधेरे यथार्थ से अपनी संतान को समय-समय पर परिचित करवाते रहें। नशा करने वाले किसी व्यक्ति के परिजन उसकी पहचान कैसे करें? इनके उत्तर में डॉक्टर शर्मा बताती हैं, वैसे तो नशा करने वाले की पहचान दूर से ही हो जाती है, लेकिन फिर भी कुछ ऐसे नशे हैं, जिनको करने से किसी प्रकार की गंध नहीं आती, लेकिन नशे की लत वाले व्यक्तियों में कुछ ऐसे लक्षण नज़र आते हैं–

- शरीर में दर्द, ऐंठन रहने लगे।
- खांसी, कफ़ की शिकायत लगातार बनी रहे।
- व्यक्ति ज्यादातर अकेला रहने की इच्छा रखे।
- गंदा रहना पसंद करे, नहाना अच्छा न लगे, कई-कई दिन स्नान न करे।
- आलसी हो जाए।
- रात को देर तक जागे, सुबह देर तक सोता रहे या कभी-कभी लगातार सोता ही रहे या लगातार जागता ही रहे।
- अपने कार्यों में उसकी रुचि न रहे।
- भूख लगना बंद हो जाए।

- गुस्सा ज़रूरत से ज़्यादा आए।
- नशा न मिलने की स्थिति में उसका शरीर हिलना प्रारंभ कर देता है, जैसे लगातार टांग हिलाता है। टांग हिलाना बंद किया, तो हाथ हिलाना प्रारंभ कर दिया या फिर पूरा शरीर हिलाना शुरू कर दे।

ऐसे लक्षण जब किसी नशे के आदी में नज़र आएं, तो तुरंत खून की जांच करवाकर अपनी शंका को दूर किया जा सकता है। नशाखोर का इलाज संभव है। किसी भी नशा मुक्ति केंद्र पर ले जाकर ऐसे व्यक्ति का इलाज कराया जाना चाहिए।

प्रतिज्ञा : हम वचन देते हैं कि हम किसी भी प्रकार का नशा पालकर अपने जीवन के साथ खिलवाड़ नहीं करेंगे।

कल्पना करें कि... ?

युवा मन कल्पना के घोड़ों पर ही सवार रहता है। युवा कल्पना की दुनिया में खोना पसंद करते हैं। भावी जीवन के भी हवाई किले ही बनाते हैं। आपकी पसंद हमारी पसंद। चलिए, आपको कल्पना की दुनिया में ही ले चलते हैं।

कल्पना करें कि आप पिता हैं। आप अपने पुत्र को प्रोत्साहित करें कि वह–

- आधुनिक दिखने के लिए व्हिस्की या बीयर पीया करे।
- मॉड बनने के लिए महंगी सिगरेट का प्रयोग करे।
- अपनी गर्लफ्रेंड के साथ टाइम पास करे।
- वैलेनटाइन डे पर अपनी गर्लफ्रेंड को किसी होटल में ले जाए और कीमती उपहार दे।
- अपने हाई-फाई शौक पूरे करने के लिए छोटे-मोटे अपराध करने से न झिझके।
- फिल्मी हीरो जैसी पोशाकें और हेयरस्टाइल की नकल करे।
- कॉलेज की कक्षा से अनुपस्थित रहकर मित्र-मंडली के साथ समय व्यतीत करे।
- अध्यापकों का उपहास करे और बड़ों की नसीहतों को हमेशा मजाक में उड़ाए।
- आवश्यकता न होने पर भी मोबाइल फोन लेने की जिद करे।
- आए दिन मित्रों के साथ पिकनिक पर जाया करे।
- पब, डिस्को, बीयर, बार, डेटिंग, सेटिंग में समय बिताता रहे।

क्या आप अपने पुत्र को ऐसे व्यवहार के लिए कह सकते हैं। यदि हां, तो आप यह सब करने के लिए स्वतंत्र हैं। मैं आपसे नहीं कहूंगी कि ऐसा न करें, किंतु यदि आप अपनी संतान से ऐसा व्यवहार करने की अपेक्षा नहीं रख़ते, तो विचार कीजिए कि आपके पिता को आपसे ऐसी अपेक्षाएं कैसे हो सकती हैं? यकीन मानिए, आप पुत्र को नंबर वन देखना चाहते हैं, लेकिन उक्त आचरण करके आप उसके भविष्य के साथ भी खिलवाड़ करते हैं।

कल्पना करें कि आप मां हैं, अपनी युवा पुत्री को सलाह दें कि वह–

- ब्वायफ्रेंड जरूर बनाए, क्योंकि आधुनिक लड़की वही है, जिसके ब्वायफ्रेंड हों।
- वह अपने ब्वायफ्रेंड के साथ डेटिंग पर अवश्य जाए, क्योंकि यह एंजॉय करने का समय है।
- अपने खर्चे पूरे करने के लिए आपसे झूठ बोलकर पैसे लेती रहे।
- पढ़ाई से ज्यादा फैशन की ओर ध्यान दे, क्योंकि फैशन ही आधुनिकता की निशानी है।
- कभी-कभी सोसाइटी में बीयर पीने से परहेज न करे।
- स्वाभाविक स्त्री-गुण लज्जा का पूर्णतः त्याग करे, क्योंकि मॉड लेडी लज्जा को आभूषण नहीं मानती।
- पाश्चात्य अंधानुकरण करते हुए अंग दिखाऊ वस्त्र पहने।
- अपने मित्रों में अपनी अमीरी की झूठी शान का प्रदर्शन करे।
- लड़कों से उपहार लेने का लालच रखते हुए उनके साथ समय व्यतीत करे।
- सहेली के घर जाने का बहाना करके कहीं अन्यत्र जाने में संकोच न करे।
- ड्रग्स, डेटिंग तथा डिस्को का क्रेज़ मन को ललचाए।

नहीं, मुझे आपसे कुछ नहीं कहना। मेरा कार्य तो आपको कल्पना-जगत में ले जाकर छोड़ देना था। आपकी कल्पना आपके लिए क्या परिणाम लेकर आती है, यह इस बात पर निर्भर करता है कि आपके द्वारा की गई कल्पना कितनी गहरी है। इसलिए महज़ एक बात ध्यान रखें, इसके उलट चलें। नकली सपने न दिखाएं। सदा सच का आकलन कराएं।

आधुनिक बनने के 51 टिप्स

नए जमाने में हम किसी से पीछे क्यों रहें? आखिर हम भी इसी जमाने के हैं। जमाने के साथ कदम-से-कदम मिलाकर चलने में ही बुद्धिमानी है। आइए, देखें कि आधुनिक बनने के लिए हमें क्या कुछ करना है।

1. वेष-भूषा और भाषा के साथ-साथ आधुनिकता आपके व्यवहार से झलकना चाहिए। इस संबंध में वैचारिक तौर पर भी आधुनिक बनने का प्रयास करें।
2. आधुनिक वही है, जिसका आचरण दूसरों की दृष्टि में प्रशंसनीय हो। जो व्यक्ति स्वयं की दृष्टि में तो आधुनिक हो, लेकिन जिस समाज में रह रहा हो, उसकी दृष्टि में आलोचना का पात्र बने, उसे आधुनिक नहीं कहा जा सकता।
3. आधुनिकता और स्वच्छंदता के अंतर को समझना चाहिए। सतर्क रहें, कहीं आपकी आधुनिकता उच्छृंखलता में न बदल जाए।
4. आधुनिक बनने के लिए संकीर्ण मानसिकता का त्याग करें। अपने दृष्टिकोण को व्यापक बनाएं।
5. आलोचना से बचें, क्योंकि दूसरों की आलोचना करके हम अपनी कुंठित मनोवृत्ति का ही परिचय देते हैं।
6. पश्चिम की स्वच्छंद और भोगवादी संस्कृति को आधुनिकता समझने की ग़लती न करें। आचरण में पूर्ण भारतीयता की झलक होते हुए भी आप माडर्न बने रह सकते हैं।
7. आधुनिक उपकरणों को चलाने, उन्हें प्रयोग करने की योग्यता हासिल करें। कोई भी नया उपकरण बाजार में आता है, तो प्रयत्न करें कि उसकी जानकारी आपको हो जाए। आजकल समाचार-पत्रों में, टेलीविजन में प्रत्येक नई वस्तु की जानकारी दी जाती है।

8. देश-विदेश की घटनाओं को टी.वी., अखबार द्वारा जानें। राजनीतिक, सामाजिक, खेल संबंधी अपनी रुचि के अनुसार जानकारी अवश्य रखें।

9. आधुनिक युग कंप्यूटरीकृत है। आजकल स्कूलों-कॉलेजों में कंप्यूटर की शिक्षा दी जा रही है। इस शिक्षा को नज़रअंदाज न करें।

10. कंप्यूटर में इंटरनेट की सुविधा का उचित प्रयोग करें। व्यर्थ की चैटिंग में समय बर्बाद करके आप स्वयं का ही नुकसान करते हैं।

11. आधुनिकता के चक्कर में किसी भी प्रकार के नशे से दूर रहें। नशा आधुनिकता की निशानी नहीं हो सकता। जो सोसाइटी सिगरेट, शराब आदि के प्रयोग को मॉडर्न मानती है, समझ लीजिए वह ग़लत संगति है।

12. डिस्को पार्टी में जाना बुरी बात नहीं, लेकिन सतर्क रहें, यदि ऐसी पार्टी में अश्लीलता का प्रदर्शन होता है, तो उसका तुरंत बहिष्कार कर दें।

13. जिस कार्य के लिए आपकी अंतरात्मा विरोध करे, उसे न करें। समाज भी उस कार्य को स्वीकार नहीं करेगा।

14. गर्लफ्रेंड या ब्वायफ्रेंड बनाकर आधुनिक दिखने की सोच आपकी कच्ची और अपरिपक्व मानसिकता का ही प्रदर्शन करती है। लड़के-लड़कियों की दोस्ती बुरी नहीं, बल्कि आधुनिक युग में यदि लड़के-लड़कियां एक-दूसरे से मेल-जोल रखने से परहेज करने लगें, तो वे पिछड़ जाएंगे, लेकिन दोस्ती में सीमा का उल्लंघन न हो, इसका ध्यान जरूरी है। स्वस्थ मित्रता कभी हानिकारक नहीं होती।

15. लड़कियां आधुनिक बनने के लिए यदि अंग प्रदर्शन का सहारा लेंगी या आधुनिक वस्त्रों के नाम पर छोटे और अंग-दिखाऊ वस्त्र पहनेंगी, तो अपना सम्मान ही खोएंगी।

16. किटी पार्टी में जाकर ताश, पपलू या तंबोला जैसे खेल खेलने में समय बर्बाद करके आप आधुनिक युग में पिछड़ जाएंगी। आपका दायरा सिर्फ किटी पार्टी में हो रही निंदा-चुगली तक ही सीमित रह जाएगा। इससे बेहतर है कि आप किसी सामाजिक संस्था से जुड़ कर सामाजिक गतिविधियों में भाग लें। दूसरों को सहयोग देकर समाज सेवा करने का पुण्य कमाएं।

17. स्त्री हो या पुरुष जहां तक संभव हो उपलब्ध वाहन चलाना अवश्य सीखें। आवश्यकता पड़ने पर यदि घर की महिला भी वाहन चलाकर अपने गंतव्य तक पहुंच जाती है, तो वह स्वयं आधुनिक होने की छाप छोड़ती है।

18. अंधविश्वासों से दूर रहें। छोटी-छोटी बात पर अंधविश्वास करना, आपके भीतर के डर को ही उजागर करता है। भूत-प्रेत जैसी बातों पर विश्वास करके अपनी कुंठित सोच का प्रदर्शन न करें।

19. वहमों से भी मुक्ति पाएं। बिल्ली के रास्ता काटने, छींक आने जैसे छोटे-छोटे वहम आपकी सफलता में अवरोध ही पैदा नहीं करते, बल्कि आपकी छवि को भी धूमिल करते हैं।

20. लड़के-लड़की को समान समझें। उनमें भेद-भाव करके उनके साथ अन्याय न करें।

21. व्यस्त जीवन में हर कार्य सलीके से करें, जिससे समय की बचत हो। आधुनिक व्यस्तताओं में समय की कीमत को नज़रअंदाज नहीं किया जा सकता।

22. जहां पति-पत्नी दोनों नौकरीपेशा हैं, वहां पति भी घर के कार्यों में पत्नी का हाथ बंटाए, क्योंकि यही आधुनिक युग की मांग है। केवल पत्नी से ही गृह कार्यों की अपेक्षा करना आपकी कुंठित सोच का ही परिणाम हो सकती है।

23. पत्नी के पुरुष मित्रों या पति की महिला मित्रों का सम्मान करें। याद रखें, अच्छी दोस्ती से हमेशा लाभ ही होता है, परंतु कभी भी अपने जीवनसाथी से विश्वासघात करने का विचार मन में न लाएं।

24. आधुनिकता की आड़ लेकर स्त्री-पुरुष में अवैध संबंध बनाना स्वयं के पांव पर कुल्हाड़ी मारना है। ऐसे संबंधों से कभी शांति नहीं मिल सकती। समाज की दृष्टि में भी आप सम्मान खो देते हैं।

25. पति-पत्नी आपसी ईर्ष्या से बचें। पत्नी यदि पति से अधिक उन्नति कर रही है, तो उसे सिर्फ पत्नी की ही उन्नति न मानें। वह आपकी साझी उन्नति है।

26. अगर पत्नी पति से अधिक पढ़ी-लिखी है, तो पति को हीन न समझे। प्रत्येक व्यक्ति में कुछ गुण होते हैं। अपने पति में उन गुणों की खोज कर उनका सम्मान करे।

27. युवाजन आधुनिक बनने के लिए तथाकथित हाई सोसाइटी से स्वयं की तुलना करके स्वयं को हीन न समझें।

28. 'सादा जीवन उच्च विचार' के आदर्श को अपना कर भी आप आधुनिक बन सकते हैं।

29. भाषा भावाभिव्यक्ति का साधन है। पश्चिमी भाषा का बोलबाला हर जगह है। इसलिए उस भाषा को सीखकर आप अपनी ज्ञानवृद्धि करने में संकोच न करें, लेकिन यदि किन्हीं कारणों से आप केवल अपनी मातृभाषा का ही ज्ञान रखते हैं, तो भी निराश न हों। अपने ऊंचे विचारों के साथ सामाजिक गतिविधियों में भाग लेकर आप सम्मान के हकदार बन सकते हैं।

30. ग्लैमर के पीछे न भागें। प्रत्येक चमकदार वस्तु सोना नहीं होती। चकाचौंध के मायाजाल में फंसने से बचें। यथार्थ के धरातल पर पांव टिकाएं।

31. आधुनिकता के ग़लत मापदंड निर्धारित न करें। इसके नाम पर लक्ष्यहीन भटकाव से बचें। दिखावे और आधुनिकता में अंतर है। यदि मोबाइल फोन की आपको जरूरत नहीं है, फिर भी आप मोबाइल रखते हैं, तो वह सिर्फ दिखावा होगा, जो उचित नहीं।

32. नई जीवन शैली जहां कई उपलब्धियां लाई है, वहीं कुछ समस्याएं भी सामने आई हैं, जैसे अधिकाधिक भौतिक साधन इकट्ठा करने की होड़ में व्यर्थ की भाग-दौड़ भी एक समस्या है। ऐसे में परिवार के सदस्यों के पास एक-दूसरे से संवाद स्थापित करने का भी समय नहीं होता। दिन के 24 घंटों को बढ़ाकर 26 घंटों में तो नहीं बदला जा सकता। दूसरी ओर पारिवारिक सदस्यों के बीच की दूरी भी उचित नहीं। अपने सभी कार्यों के लिए समय सारिणी निर्धारित करें, जिससे समय की बचत हो सके और एक निश्चित समय में परिवार के सभी सदस्य एक साथ मिलकर अवश्य बैठें।

33. आधुनिक जीवन शैली अपनाने की होड़ में आपकी युवा संतान दिग्भ्रमित हो सकती है। ऐसे में सारी आधुनिकता धरी-धराई रह जाएगी। अपनी युवा संतान की दैनिक गतिविधियों पर विशेष ध्यान दें। उनकी संगति पर नज़र रखें। उनके खान-पान का भी ख्याल रखें। विचारों को सम्मान देते हुए उनका मार्ग दर्शन अवश्य करें।

34. तनाव आधुनिक जीवन शैली की प्रमुख देन है। लगातार तनाव की स्थिति शारीरिक और मानसिक क्षीणता का कारण बनती है। तनाव-भरी स्थिति से छुटकारा पाने के निरंतर प्रयास करते रहें।

35. अपने व्यक्तित्व को निखारने के भरसक प्रयास करें, क्योंकि आधुनिक युग में मात्र कीमती वस्त्राभूषण से ही आपकी अमीरी का मूल्यांकन नहीं होता, बल्कि आपका व्यक्तित्व, आपकी वाणी ही असली आभूषण है।

36. समाज में अपनी पहचान बनाने की कोशिश करें। दिखावे की संस्कृति को छोड़ अपने गुणों से अपनी पहचान बनाएं।

37. विशेषतः युवतियों को आधुनिकता के नाम पर युवकों से दोस्ती करते समय सामाजिक सीमाओं को भूलना नहीं चाहिए, क्योंकि मर्यादाओं को तोड़कर कभी कुछ हासिल नहीं किया जा सकता।

38. वर्तमान समय में पढ़े-लिखे लोग शारीरिक श्रम के अभाव में स्वास्थ्य खो रहे हैं। मानसिक श्रम की अधिकता और शारीरिक श्रम का अभाव स्वास्थ्य में गिरावट का कारण बन रहा है। याद रखें, यदि आप स्वस्थ नहीं हैं, तो सारी उपलब्धियां बेकार हैं।

39. बुजुर्ग भी जमाने के साथ बदलने की कोशिश करें। 'हमारे जमाने में तो ऐसा होता था' बात-बात पर मिसाल देने वाली सोच को छोड़कर नए जमाने के साथ सामंजस्य स्थापित करने का प्रयास करें।

40. युवा होती संतान पर अधिक रोक-टोक उचित नहीं। वे आधुनिकता के मोहपाश में फंसकर कुसंगति के शिकार न हों, इसके लिए जरूरी है कि आप स्वयं ही दिखावटी संस्कृति से बाहर निकलें।

41. दिन में किए जाने वाले महत्वपूर्ण कार्यों की सूची तैयार करें। एक डायरी में यदि आप किए जाने वाले कार्यों को लिख लेंगे, तो आपके सभी कार्य समय से पूर्ण भी हो जाएंगे और समय की बचत भी हो जाएगी।

42. अगर पति-पत्नी दोनों नौकरीपेशा हैं, तो रात को सोने से पूर्व ही अगले दिन पहने जाने वाले वस्त्रों का चयन कर उन्हें इस्त्री करके तैयार रखें। बच्चों में भीं आदत डलवाएं कि वे अपनी यूनीफार्म और स्कूल बैग रात में ही तैयार कर लें, ताकि सुबह व्यर्थ की भाग-दौड़ से बचा जा सके।

43. आधुनिक बहू-बेटी पर अपने पुराने विचार थोपें नहीं, बल्कि उसे प्यार से समझाएं। बच्चे जब युवा हो जाएं, तो अभिभावकों का कार्य नसीहतें देने के बजाए सलाह देना हो जाता है। अगर आपकी सलाह नहीं मानी जाती, तो भी उग्र न हों।

44. यदि किसी पड़ोसी के पास अधिक उपभोग की वस्तुएं हैं, तो उन्हें देखकर ईर्ष्या न करें। न ही पड़ोसी को दिखाने के लिए उन वस्तुओं की खरीद करें, जिनकी आपको आवश्यकता नहीं है। आपका ऐसा व्यवहार आपकी संतान को भी ऐसा करने के लिए प्रेरित करेगा। ऐसे में यदि आपकी युवा संतान अपने मित्र के पास 'बाइक' देखेगी, तो उसे पाने की जिद करेगी। पड़ोसी के साथ आपकी स्टेटस की होड़ उसे अपने युवा साथियों के साथ होड़ करने की ही प्रेरणा देगी। संभव है, वह अपनी सोसाइटी में स्टेटस के लिए ग़लत आदतें अपनाने लगे।

45. याद रखें, जमाना चाहे कितना ही आधुनिक हो जाए, सफलता के लिए जितने परिश्रम और लगन की जरूरत है, उतनी तो करनी ही पड़ेगी। 'शार्टकट में मिली सफलता भी शार्ट समय के लिए ही होती है।' हां, इतना जरूर है कि सफल होने के लिए आपके पास साधन अधिक हों, तो उन साधनों का भी विवेकपूर्ण तरीके से इस्तेमाल करना चाहिए।

46. आधुनिक युग प्रतिस्पर्धा का है। प्रत्येक व्यक्ति किसी से बहुत आगे है, तो क़िसी से बहुत पीछे। अपनी एक असफलता के लिए निराश न हों, बल्कि हिम्मत और पूर्ण उत्साह से पुनः प्रयास करें। किसी भी अच्छी नौकरी को पाने की एक निश्चित आयु सीमा होती है। अगर वह आयु आपने निराशा में गंवा दी, तो लक्ष्य प्राप्ति से वंचित रह जाएंगे।

47. अगर आप महिला हैं और नौकरीपेशा नहीं हैं, तब घरेलू रहते हुए भी आप आधुनिक बन सकती हैं। इसके लिए आप गृहकार्य को आधुनिक ढंग से करें। नए-नए स्नैक्स बनाने की विधियां सीखें। नूडल्स, डोसा, ढोकला, पीजा, इडली, बड़ा आदि बनाने में ज्यादा मेहनत नहीं करनी पड़ती। सिर्फ बनाने की विधि आना चाहिए। आजकल तो टी.वी. के विभिन्न चैनलों पर यह सब चीजें सिखाई जाती हैं।

48. आधुनिक परिवेश के युवावर्ग में विदेश जाने की ललक भी स्पष्ट दिखाई देती है। 'फॉरेन रिटर्न' कहलाना भी शान का सूचक बनता जा रहा है। युवाओं को समझना चाहिए कि स्वदेश में रहकर भी उन्नति की जा सकती है। आवश्यकता केवल आपके दृढ़ निश्चय और आत्मविश्वास की है।

49. आधुनिक गृहिणी को बैंक, डाकखाने, पालिका और निगम की कार्यप्रणाली का ज्ञान होना चाहिए। उसे बैंक में रुपए जमा करवाने, निकलवाने का ज्ञान हो। साथ ही ऐ टी एम का प्रयोग करना भी आना चाहिए। उसे हाउस टैक्स, नल, बिजली, टेलीफोन के दफ्तरों से संपर्क करना भी आना ज़रूरी है। आधुनिक नारी को चाहिए कि वह समय-समय पर बैंक, डाकखाने आदि में धन के निवेश संबंधी विभिन्न जानकारियां अपने पास रखें और कम-से-कम इतना हिसाब-किताब भी अवश्य कर सकें कि बैंक द्वारा उन्हें ठीक ब्याज दिया गया है अथवा नहीं।

50. वह घर की भी आधुनिक गृहिणी की श्रेणी में आएगी, जो इस बात का ज्ञान रखे कि कौनसी वस्तु कौनसे बाजार में सस्ती उपलब्ध होती है। संभव हो, तो गृहिणी को ऐसी दुकानों के फोन नंबर भी नोट करने चाहिए, ताकि आवश्यकता पड़ने पर ऑर्डर देकर वस्तु मंगवाई जा सके।

51. माडर्न बनने के लिए अपने सोचने के ढंग को प्रगतिशील बनाना चाहिए। यदि आपके विचार आधुनिक हैं, तो 'हैलो-हाय' के बजाए आप 'नमस्कार' से भी अभिवादन करते हैं, तो भी आधुनिक ही माने जाएंगे। नमस्कार का चमत्कार कभी खाली नहीं जा सकता। रुसी लोग अपनी भाषा, आपना अभिवादन नहीं छोड़ते, तो आप अपनी संस्कृति को क्यों छोड़ते हैं?

प्रण : हम प्रण करते हैं कि वर्तमान आधुनिक युग के साथ कदम से कदम मिलाकर चलने के लिए उपरोक्त 51 टिप्स से स्वयं पर लागू होने वाले टिप्स अपने जीवन में अवश्य उतारेंगे।

आधुनिकता कैसी हो?

प्रत्येक व्यक्ति के लिए आधुनिकता एक अलग अर्थ रखती है। हमने यहां तीन दंपतियों को इस परिचर्चा में शामिल करके आधुनिकता के संदर्भ में उनके विचार प्रस्तुत किए हैं। आप भी सोचें कि आपकी दृष्टि में आधुनिकता किसे कहेंगे?

डॉक्टर चांदना और उनकी पत्नी के विचार

डॉक्टर चांदना का विचार है कि आधुनिकता के दो पक्ष, सकारात्मक और नकारात्मक होते हैं। यह अलग बात है कि आधुनिक जीवन शैली में नकारात्मक प्रभाव अधिक सामने आ रहे हैं। फास्ट फूड को युवा आधुनिकता बता रहे हैं। अभिभावक बच्चों को अच्छे अंग्रेजी स्कूलों में पढ़ाना आधुनिक समझते हैं। महिलाएं घर में महंगे विदेशी सामान एकत्रित करना और किटी पार्टी में जाना आधुनिकता मान रही हैं, जबकि ये सब किसी भी व्यक्ति को आधुनिक सिद्ध करने के लिए पर्याप्त नहीं हैं। ग़लत खान-पान स्वास्थ्य को खराब कर रहा है। युवतियों के छोटे परिधान चरित्रहीनता को बढ़ावा दे रहे हैं। महंगे शौक अपराधों में वृद्धि कर रहे हैं। पब, बीयर बार, डिस्को, क्लब आदि समय की बर्बादी का कारण बन रहे हैं। ऐसी आधुनिकता से तो गांव की सादगी भली।

इसी संदर्भ में श्रीमती चांदना कहती हैं, आधुनिक युग में आत्महत्या की जितनी घटनाएं सामने आ रही हैं, पहले नहीं थीं। यह भी आधुनिक परिवेश का ही ग़लत परिणाम है। अमीरी-गरीबी के मध्य बढ़ती खाई और उपभोक्तावादी संस्कृति मानसिक तनाव का कारण बनती हैं और व्यक्ति का जीवन पर से भी विश्वास उठ जाता है। आज हम पाश्चात्य अनुकरण में बड़ा उत्साह दिखाते हैं, लेकिन अंधानुकरण के बजाए उचित को ही अपनाया जाए, तो बेहतर है। अंधानुकरण का ही परिणाम है कि भारत में पश्चिम की तरह मनोरोगियों की संख्या बढ़ रही है।

आधुनिक परिवेश में सुधार की बात करते हुए डॉक्टर चांदना और श्रीमती चांदना दोनों का मानना है कि आधुनिक युग में सर्वप्रथम प्रशासन में सुधार होना चाहिए। बेरोजगार युवाओं की बढ़ती भीड़ उन्हें आत्महत्या करने या अपराध की ओर बढ़ने के लिए ही प्रेरित करती है। युवा आधुनिक समाज का अंग हैं। उन्हें समाज के विषय में सोचना चाहिए। राजनीति को गंदा खेल कहकर नज़रअंदाज करने के बजाए इसमें सुधार करने के प्रयास करने चाहिए। इस संदर्भ में महिलाओं को भी आगे आना चाहिए, क्योंकि महिलाएं ही महिलाओं की समस्याओं को बेहतर समझ सकती हैं। आज अरुंधती राय या मेधा पाटेकर जैसी आधुनिक महिलाओं की जरूरत है। दूसरी ओर अभिभावकों को आधुनिक भाग-दौड़ में इतने व्यस्त नहीं होना चाहिए कि बच्चों के लिए समय ही न निकाल पाएं। प्रेम और लगाव के अभाव में ही आधुनिक युवा व्यसनों के शिकार हो रहे हैं, अन्यथा वर्तमान दौर में युवाओं के सामने आगे बढ़ने की बहुत-सी संभावनाएं हैं। उनका उचित मार्गदर्शन किया जाना चाहिए।

रणबीर कृष्ण और उनकी पत्नी के विचार

रणबीर कृष्ण व्यापारी हैं और उनकी पत्नी श्रीमती रोमिला प्राइमरी स्कूल की मुख्याध्यापिका हैं। यह दंपती स्वयं को पूर्णतः आधुनिक मानता है। इनका एकमात्र पुत्र आस्ट्रेलिया में एम.आई.बी. की शिक्षा ले रहा है। "क्या आप अपने पुत्र को विदेश ही सैटल करना चाहेंगे?" इसके उत्तर में उनका कहना है, "वह जहां उचित समझे, वहीं रह सकता है। हम अपना कार्य उसकी विचारधारा को दिशा देना मानते हैं। उस पर अपने विचार थोपने का हमारा कभी प्रयास नहीं रहा।"

"आधुनिक युग में युवा संतान के अभिभावक होने पर आप क्या विशेष ध्यान देते हैं?" इसके जवाब में रणबीर कृष्ण कहते हैं, "मैं अपने बेटे की संगति पर विशेष नज़र रखता हूं। इस आयु में संगति का बहुत प्रभाव पड़ता है। बुरी संगति बिगाड़ देती है और अच्छी संगति जीवन बना देती है। मेरा मानना है कि एक ही संगति जब लगातार बनी रहती है, वह भी बच्चों को नुकसान पहुंचाती है। इसलिए मैं हर दो वर्ष बाद अपने बेटे का स्कूल बदलता रहा हूं। दूसरे मैंने अपना मूल्यांकन किया कि मैं अपने जीवन में कहां तक पहुंचा हूं और कहां तक पहुंच सकता था। जहां तक पहुंच सकता था, वहां तक क्यों नहीं पहुंच पाया? इन सब बातों के मद्देनज़र मैं अपने बेटे का मार्गदर्शन कर रहा हूं। "आधुनिक जीवन शैली अपनाने के संदर्भ में श्रीमती रोमिला बताती हैं, "रणबीर वैसे तो स्वयं को आधुनिक कहते हैं, लेकिन घर से निकलते समय कोई छींक दे, तो वहीं डरकर रुक जाते हैं। इस बारे में मेरी उनसे हमेशा तकरार रहती है। जब आप आधुनिक हैं, तो पूरी तरह आधुनिक बनें।"

रणबीर कृष्ण की दृष्टि में, "आधुनिकता हमारे व्यवहार से झलकनी चाहिए, हमारे विचारों में दिखनी चाहिए। मेरे कुछ अपने वहम मेरी विवशताएं हैं। उन्हें मैं छोड़ नहीं पाता, लेकिन मैं उन्हें किसी दूसरे पर नहीं थोपता। मेरे विचार में आधुनिक वह है, जो जमाने की मांग को पूरा करता है।" आधुनिक युग में अगर आप व्यापार में सफल होना चाहते हैं, तो आपको मॉडर्न सोच का सहारा लेना होगा। वर्तमान संदर्भों में व्यक्ति को सफलता पाने के लिए व्यापार की आधुनिक ट्रिक्स को भी जानना चाहिए, जैसे आजकल बच्चों के चिप्स वगैरह के साथ फ्री टैटू का चलन है। अतः जो बच्चे चिप्स नहीं खाते, वे भी टैटू के लालच में चिप्स खरीदने की जिद करते हैं, फिर 'एक के साथ एक मुफ़्त' भी माल की बिक्री में काफी सहायक है, जबकि सभी जानते हैं कि कभी भी कुछ मुफ़्त नहीं मिलता, लेकिन यह भी सत्य है कि अगर उस प्रोडक्ट की कीमत कम कर दी जाती, तो बिक्री उतनी न बढ़ती, जितनी 'फ्री' के बहाने बढ़ी। ऐसे में जब कोई व्यक्ति अपनी मौलिक सोच से लोगों की कमजोरी को ध्यान में रखते हुए ट्रिक और टैक्टिस इस्तेमाल करता है, तो व्यापार में सफल हो जाता है। व्यापार की तरह ही जीवन के प्रत्येक क्षेत्र में ऐसी ही आधुनिक शैली को अपना कर सफल हुआ जा सकता है।

अरविन्द सेठी और उनकी पत्नी के विचार

अरविन्द और हर्षा सेठी के विवाह को दो वर्ष हुए हैं। जब उनसे आधुनिकता के संदर्भ में बातचीत की गई, तो सर्वप्रथम हर्षा ने बताया, "आजकल युवाओं की दृष्टि में आधुनिकता का अर्थ स्टाइलिश लाइफ है। मैंने एम.बी.ए. किया है। जब मैं स्कूल में थी, तब मेरे सहपाठी लड़के-लड़कियों का ध्यान नए स्टाइल के वस्त्र, हेयर स्टाइल आदि की तरफ रहता था। लड़के-लड़कियां आपस में बातें करते थे। एक-दूसरे के साथ नाम जोड़ना भी आम बात थी और इसी को हम लोग आधुनिकता समझते थे। उस आयु में हम फिल्मी जीवन से बहुत प्रभावित थे। लड़के-लड़कियां आपस में प्रेम-पत्र लिखते रहते थे, जब मैं छात्रावास में रहकर एम.बी.ए. कर रही थी, तो वहां भी सहशिक्षा ही थी, लेकिन तब सोचने का नजरिया बदल गया था। वस्त्रों और हेयर कट की ओर ज्यादा ध्यान नहीं जाता था, बल्कि किसी तरह ज्ञानार्जन करने के विषय में ज्यादा सोचते थे। लड़के-लड़कियां तब भी आपस में बात करते थे, लेकिन तब दृष्टिकोण स्कूल टाइम वाला नहीं था। गहन विषयों पर भी हम लोग चर्चा करते थे। बड़ी-से-बड़ी नौकरी प्राप्त करके अपनी जीवन शैली को नया अंदाज देने की सोचते थे। इस तरह उम्र के अलग-अलग दौर में आधुनिकता के अलग-अलग मायने हो जाते हैं। मान लें आपने बहुत आकर्षक परिधान पहन रखा है, लेकिन ज्ञान बहुत ही सीमित है, तो कोई भी आपको आधुनिक नहीं कहेगा।"

हर्षा के पति अरविन्द सेठी के विचार में, "कोई भी देश तकनीकी ज्ञान में उन्नति करके आधुनिक बन सकता है। समाज पुरानी रूढ़िवादी कुरीतियों का बहिष्कार करके आधुनिकता अपना सकता है। शहरी नागरिकों के लिए अच्छी सहूलियतें पैदा करके, जैसे अच्छे स्कूल, अस्पताल आदि बनवाकर आधुनिक हुआ जा सकता है। व्यक्ति सभी को ठीक ढंग से अपना कर ही आधुनिकता का बाना पहन सकता है।" अरविन्द जी से जब आज के युवाओं की आधुनिकता के विषय में बोलने के लिए कहा गया, तो उनका मत था, "किशोर एवं युवा मन ग्लैमर-भरी जिंदगी को आधुनिक समझता है। जहां तक व्यसनों की बात है, हर किशोर और युवा दिखावे के लिए व्यसन नहीं पालता, बल्कि आजकल का जो सामाजिक परिवेश है, उसे देखकर ही भटकता है। मैं किशोरावस्था में सोचता था कि स्नातक के अंतिम वर्ष में पहुंचकर व्हिस्की जरूर पीऊंगा और मैंने पी भी। कारण मात्र इतना था कि मेरे मन में यह धारणा थी कि जब मैं अच्छी नौकरी या बिजनेस करूंगा, तो सोसाइटी में सब पीएंगे। यदि मैं नहीं पीऊंगा, तो उनसे अलग-थलग हो जाऊंगा और पीछे रह जाऊंगा। अब जब नौकरी करने लगा हूं, तो महसूस होता है कि वह सोच मात्र भ्रम था।"

जब पति-पत्नी के संबंधों को लेकर आधुनिकता की बात चली, तो हर्षा और अरविन्द दोनों ने एक-दूसरे की भावनाओं की कद्र करने की बात कही। अरविन्द नौकरीपेशा पत्नी के साथ घरेलू कार्यों में हाथ बंटाने के पक्षधर हैं। उनके अनुसार इसके लिए लड़के की मां को लड़के को प्रोत्साहन देना चाहिए। वह बताते हैं, "मैं शुरू-शुरू में हर्षा के साथ काम कराने में झिझकता था, क्योंकि मम्मी के साथ तो कभी काम किया नहीं था। जरूरत भी नहीं पड़ी थी, लेकिन मेरी मां ने प्रोत्साहित करके मेरी झिझक दूर कर दी।"

हर्षा ने अपने विचार देते हुए कहा, "हम आधुनिक तभी कहला सकते हैं, जब अपनी मानसिकता को बदलें। आधुनिक कहलाए जाने वाले इस समाज में आज भी बहुत कुछ ऐसा हो रहा है, जो हमारे पिछड़ेपन का ही द्योतक है। उदाहरणतः पहले लोग लड़के की चाह में लगातार संतान पैदा कर रहे थे, आज हम आधुनिक हो गए हैं, इसलिए संतान के जन्म से पूर्व उसका लिंग देखकर भ्रूण हत्या करवा देते हैं। क्या यह आधुनिकता है? पहले खुलकर दहेज मांगते थे, आज इशारों में मांगा जा रहा है। यदि हम वास्तव में आधुनिक होना चाहते हैं, तो सर्वप्रथम हमें सामाजिक विसंगतियों का बहिष्कार करना होगा।

●●●

हां, तुम एक विजेता हो!

—आर. एस. गोयल

कर्मयोगी बनकर सत्य से साक्षात्कार करें और विजयी होकर जीवनलक्ष्य प्राप्त करें

यह कृति व्यक्तित्व विकास कार्यशाला पर आधारित है, जिसमें युवाओं को यह संदेश पहुंचाने का प्रयास किया गया है कि हां, तुम एक विजेता हो और तुम्हारे भीतर विजेता होने के समस्त गुण विद्यमान हैं। आवश्यकता है, केवल उन्हें पहचान कर अमल में लाने की। इसमें जीवन के लक्ष्यों, आत्मविश्वास, परिवर्तन, सही प्रकृति व समय के चमत्कार पर अत्यधिक बल दिया गया है। इसके अतिरिक्त सफलता व असफलता की सिद्ध रीतियों को भी स्पष्ट कर दिया गया है। कार्यशाला के प्रमुख भागों में से एक इसकी कार्य योजना है, जिसमें महत्वाकांक्षा का चुनाव प्राथमिकता के आधार पर निर्धारित करना एवं समय का प्रबंधन (Time Management) आदि है।

आर. एस. गोयल, जो कि लेखक होने के साथ-साथ एक उद्योगपति भी हैं, सफलता प्राप्त करने के मार्ग में आने वाली दैनिक कठिनाइयों का अध्ययन कर अपने अनुभवों को युवाओं के मार्गदर्शन हेतु अत्यन्त सरल भाषा में पिरोकर लेखों, व्याख्यानों व कार्यशालाओं की सहायता से प्रस्तुत करते रहते हैं और इसी क्रम में एक प्रयास है यह पुस्तक-**हां, तुम एक विजेता हो!**

मन की उलझनें कैसे सुलझाएं

—डॉ. राम गोपाल शर्मा

जिसने मन को जीत लिया, उसने जगत को जीत लिया।
-शंकराचार्य

व्यक्ति की बुद्धि का और शरीर का संचालन मन से होता है। मन शान्त, स्थिर और हर्ष से भरा हुआ हो, तो सभी कुछ सहज और स्वाभाविक ढंग से पूर्ण होता चला जाता है। इसके विपरीत मन ठीक नहीं हो, यानी उसमें ढेरों उलझनें भरी हों, तो बुद्धि बौरा जाती है, उसे कोई रास्ता नहीं सूझता और बौखलाहट में वह बहुत कुछ उलट-पुलट कर बैठता है। इसीलिए यह मानी हुई बात है कि प्रसन्न तथा शान्त मन मे व्यक्ति को चिर कालीन परिप्रेक्ष्य में यह पुस्तक मन की गुत्थियों को सुलझा कर उसे वर्तमान समय में जीने और उन्नति करने योग्य बनाने वाली व्यावहारिक मार्गदर्शिका है।

पुस्तक में बताया गया है कि-

भय, तृष्णा, अहंकार, क्रोध, आलस्य, निराशा, अन्तर्द्वंद्व, अतिभावुकता, बेचैनी, विमुखता, चिंता, ऊंची उड़ानों जैसे मन के विकारों को किन-किन उपायों द्वारा दूर किया जा सकता है?

और धैर्य, आशा, आत्मविश्वास, चाह, इंद्रियों पर नियंत्रण, सौष्ठव, आत्मविस्तार और आत्मसम्मान को कैसे प्राप्त किया जा सकता है।

अपना व्यक्तित्व प्रभावशाली कैसे बनाएं

–उदय शंकर सहाय

प्रभावशाली व्यक्तित्व हरेक व्यक्ति की अपनी अमूल्य धरोहर है, जिसकी वजह से भीड़ में भी उसकी अलग पहचान बनती है। परिवार हो या समाज, देश हो या विदेश, नौकरी हो या उद्योग-व्यापार, स्कूल-कॉलेज हो या साहित्य और कलाओं की दुनिया, प्रशासन हो या राजनैतिक तंत्र, मसलन हर जगह आपको ढेर सारे लोग खड़े नज़र आएंगे, पर उनमें भी जो सर्वाधिक प्रभावित कर सके और सबका मान-सम्मान पा सके, वही आपको आदर्श एवं प्रभावशाली बनने के लिए ठोस सलाह दे सकता है। इसके लिए आपको ये प्रयत्न करने होंगे–

- आपको आलस्य और बुरे विचारों को त्याग कर कठिनाइयों से जूझने की ताक़त को बढ़ाना होगा।
- आपको आत्मविश्वास, जिज्ञासा, सहनशक्ति, त्यागभावना, कर्तव्यपरायणता, विनम्रता को अपने भीतर आत्मसात करना होगा।
- और फिर आप मधुर वाणी बोलें, सबका सम्मान करें, अध्यवसायी बनें, लीक से हटकर चलें, अपने उद्देश्य को अच्छी तरह जानें, सब कुछ देखें-परखें, नियमित कार्यक्रम बनाकर वर्तमान में जीना सीखें।

फिर देखें कि आपका व्यक्तित्व कितनी जल्दी आकर्षक और प्रभावशाली बन जाएगा और आप होंगे दुनिया के सबसे खुशनसीब व्यक्ति।

साहस और आत्मविश्वास

–रोमी सूद 'उपमाश्री'

आज आत्मविश्वास की शक्ति और क्षमता को सभी ने अच्छी तरह पहचान लिया है। यही वह सत्य है, जो व्यक्ति की उन्नति में कारगर भूमिका निभाता है। साहस आत्मविश्वास का पूरक है। आत्महीनता से ग्रस्त व्यक्ति कभी निडर और साहसी नहीं हो सकता।

आपके कार्यक्षेत्र में तो इसका मोल सर्वाधिक है। आप कितनी ही विपत्तियों से क्यों न घिरे हों, यदि आपमें आत्मविश्वास है, तो बड़ी-से-बड़ी चुनौतियां भी आपका कुछ नहीं बिगाड़ पाएंगी और आप किसी कुशल मल्लाह की तरह तूफानों में घिरी नाव को किनारे पर ले ही आएंगे, ऐसा विश्व के महान् मनीषियों का दावा है।

अपने विषय की श्रेष्ठ लेखिका रोमी सूद 'उपमाश्री' ने अपनी इस पुस्तक में 23 अध्याय दिए हैं। प्रत्येक अध्याय पूरी तरह दिशासूचक हैं। जैसे-जैसे आप इन्हें पढ़ते जाएंगे, आपमें उत्साह एवं आत्मविश्वास भरता चला जाएगा और एक दिन आप अपने आपको सफलता प्राप्त करने में सक्षम पाएंगे।

बहुत से लोग योग्य, अनुभवी और प्रतिभाशाली होते हैं, लेकिन आत्मविश्वास के अभाव में सब दब जाता है और वे कुंठित होकर अपने आपको दोषी ठहराने लगते हैं, जबकि ऐसा नहीं है। उन्हें अपने भीतर आत्मविश्वास जगाना और उन्नति का मार्ग प्रशस्त करना चाहिए।

खुशहाल जीवन जीने के व्यावहारिक उपाय

–चुन्नीलाल सलूजा

अब जमाना बदल गया है। उसी हिसाब से व्यक्ति की सोच-समझ, उसका रहन-सहन, आचार-व्यवहार और परस्पर संबंधों की गरिमा तथा मिठास भी बदल गई है। अब सब कुछ अधिक व्यावहारिक हो गया है। व्यक्ति की जागरूकता व आकांक्षाएं पहले से बढ़ गई हैं। इसी तरह आज के जीवन की आपाधापी, होड़, तनाव, हताशा और बेगानेपन ने व्यक्ति को जिस तरह परेशानी में डाल रखा है, उसके लिए खुशहाल जीवन जीने का मार्ग प्रशस्त करती है- यह पुस्तक। आपके लिए यह महत्त्वपूर्ण पुस्तक लिखी है जाने माने लेखक चुन्नीलाल सलूजा ने। इसमें 21 अध्याय हैं और यह तय है कि हर अध्याय आपके जीवन में नए-नए रंग भरेगा, जैसे ✦ परिवार से जुड़ना सीखें ✦ अप्रिय प्रसंगों व हादसों को भूलें ✦ गलतियां फिर न दोहराएं ✦ परिचय का दायरा बढ़ाएं ✦ अपनी सोच को व्यापक बनाएं ✦ खुश रहें, खुशियां बांटें ✦ व्यक्तित्व को आकर्षक बनाएं ✦ दिल खोल कर हंसें ✦ दाम्पत्य-जीवन को सरस बनाएं ✦ अति भावुकता से बचें ✦ हमेशा कुछ नया करें ✦ सकारात्मक सोचना सीखें ✦ सदा सत्य का साथ दें ✦ सफलता के लिए श्रम करें और इन सब उपायों पर अमल करके जीने की कला सीखें। ये सभी उपाय इतने सटीक, चुस्त और परखे हुए हैं कि इन्हें अपनाकर आप निश्चय ही खुशहाल जीवन जीने में सक्षम बन सकेंगे।

जीवन में सफल होने के उपाय

–स्वेट मार्डेन

विश्व विख्यात लेखक 'स्वेट मार्डेन' की बहुचर्चित पुस्तक "टू सक्सीड इन लाइफ" का अविकल हिन्दी रूपान्तर। अपने में छिपी शक्तियों को पहचानने, तनाव और निराशा से मुक्त होने, भय को दूर भगाने तथा कर्म का आदर करने के उपाय सुझाने वाली पुस्तक। यह प्रेरणा देती है, प्रोत्साहित करती है और व्यक्ति को आत्मविश्वास से भर देती है। बाधाएं हटाकर रोशनी भरा रास्ता दिखाने वाला प्रकाश-स्तम्भ है- यह पुस्तक।

बच्चों की प्रतिभा कैसे उभारें

—चुन्नीलाल सलूजा

बैजू बावरा का नाम आज कौन नहीं जानता। वह विधावा मां के आंचल में ही पले-बढ़े। देवयोग से मां-बेटे को एक महान गुरु के दर्शन हो गए। वृंदावन् के वन में संगीताचार्य स्वामी हरिदास जी का आश्रम था। उनकी दिव्य दृष्टि में बैजू की प्रतिभा समा गई और उनके विद्यादान से एक दिन वह इतने बड़े गायक बने कि पारखी उन्हें संगीत सम्राट तानसेन का प्रतिद्वंद्वी मानने लगे।

- क्या आप भी इसी तरह बच्चों को संपूर्ण प्रतिभा संपन्न बनाने के लिए जागरूक हैं?
- क्या आप जानना चाहते हैं कि बच्चों को सर्वगुण संपन्न कैसे बनाया जा सकता है?
- क्या आप उन्हें शिक्षा, खेल तथा अन्य क्षेत्रों में निरंतर हिस्सेदारी दिला रहे हैं?
- क्या आप उनके अंदर छिपी हुई क्षमताओं को खोज निकालने में सफल हो पाए हैं?
- क्या आप उनमें चुस्ती, स्फूर्ति, बुद्धिमानी, सच्चरित्रता, शिष्टाचार, व्यवहार कुशलता एवं संवेदनशीलता की हरियाली उगाना चाहते हैं?
- क्या आप अपने बच्चों को सबसे अलग, सबसे ऊंचा, सबसे स्वस्थ और सुंदर देखना चाहते हैं?

निराशा छोडो सुख से जिओ

—हरेन्द्र 'हर्ष'

व्यक्ति अचानक आई विपत्ति या मामूली अवरोध से ही घबरा जाता है। इससे उसके हाथ से बहुत से अवसर जाते रहते हैं। अतएव आशा की डोर कभी मत छोड़ें, इसके साथ डटे रहे, फिर देखे आपके जीवन में खुशियां आएंगी। आप उन्नति के लिए आशा की ज्योति जलाकर सतत प्रयास करते रहें। इस कार्य में इस पुस्तक के विचार ही नहीं, उद्धरण, प्रसंग और घटनाएं पग-पग पर आपका मार्गदर्शन करके आपके विकास में सहायक सिद्ध होंगी।

आशा उत्साह की जननी है। आशा में तेज है, बल है, जीवन है। आशा ही समूचे संसार की संचालक शक्ति है। आशा मनुष्य के लिए अमृत है। जैसे सूर्य से पेड़-पौधों को जीवन प्राप्त होता है, वैसे ही आशा से मनुष्यों में जीवन-शक्ति का संचार होता है। निराशा कभी भी आपकी उन्नति नहीं होने देती और सदा आपके लक्ष्य में बाधक सिद्ध होती है। मनुष्य की सम्पूर्ण उन्नति और सफलता बेहतर जीवनशैली से ही संभव है। इसलिए निराशा को कभी पास मत फटकने दें।

जाने-माने लेखक हरेन्द्र 'हर्ष' की सुलझी हुई लेखनी द्वारा रचित यह पुस्तक **'निराशा छोड़ो, सुख से जिओ'** विश्व विख्यात लेखक स्वेट मार्डेन के विचार, चिंतन और लेखन शैली को आगे बढ़ाती है।